U0947893

华夏精英
传奇人物

克林顿总统亲自为作者题词

克林顿改变了我的一生

[美]安迪·樊（Andy Fan）著

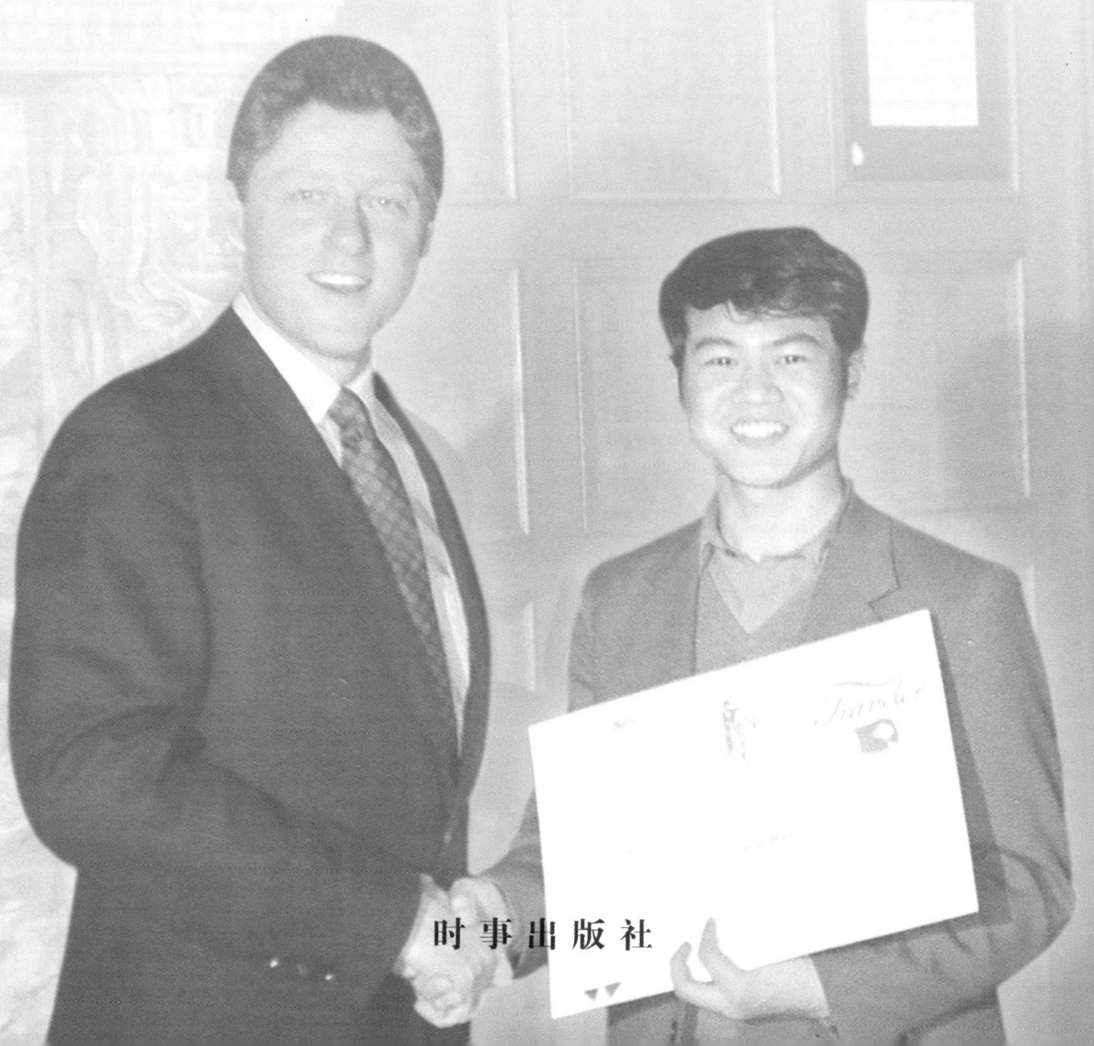

时事出版社

图书在版编目（CIP）数据

克林顿改变了我的一生/（美）安迪·樊著. —北京：时事出版社，2004
ISBN 978-7-80009-835-2

Ⅰ.克… Ⅱ.安… Ⅲ.随笔—作品集—美国—现代 Ⅳ.Ⅰ712.65

中国版本图书馆 CIP 数据核字（2004）第 089623 号

出版发行：时事出版社
地　　址：北京市海淀区万寿寺甲 2 号
邮　　编：100081
发行热线：（010）88547590　88547591
读者服务部：（010）88547595
传　　真：（010）68418647
电子邮箱：shishichubanshe@sina.com
网　　址：www.shishishe.com
印　　刷：北京百善印刷厂

开本：787×1092　1/16　印张：15.5　彩插：16 页　字数：203 千字
2004 年 9 月第 1 版　2011 年 7 月第 3 次印刷
定价：32.00 元

■ 克林顿和当年青涩十足的安迪旧照

■ 安迪·樊和克林顿 2008 年10月在拉斯维加斯答记者问

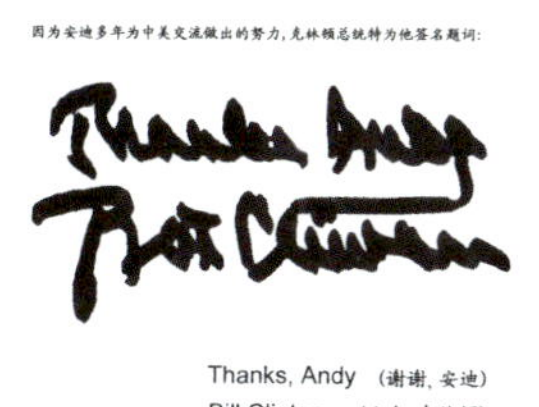

■ 克林顿总统给安迪·樊的亲笔题词

■ 克林顿总统每次语重心长的教诲，如付诸实践都可以写成一本书

ANDY Z. FAN

ANDY Z. FAN（安迪 樊），美籍华人。三次辉煌：担任克林顿总统翻译；亲历美国“西点军校”式魔鬼训练。100多天将公司在美上市。著有《克林顿和我的一生》，《秘密：改变一生命运的宇宙法则》，《融资：奔向纳斯达克》等4本畅销书。

中華

时代的楷模 民族的骄傲

共和国建国60周年 海内外60位华人楷模 复兴之路

■ 2009 年，Andy Z.Fan（安迪・樊）当选为《复兴之路——共和国建国 60 周年、海内外 60 位华人楷模》之一，他的肖像被印在中国邮票上作永久纪念

■ 安迪·樊（后排左 2）和中国前总理李鹏合影

■ 安迪·樊（后中）和全国人大常委会副委员长周谷城先生合影

■ 安迪·樊（右）和尼克松前助理、美中贸易发展协会主席 Robert Goodman 合影

■ 安迪·樊（后右一）和全国人大常委会副委员长雷洁琼女士合影

■ 安迪·樊和多杰扎都活佛转世法王图登达杰

■ 安迪·樊和美国国会参议院多数党领袖 Harry Reid

■ 安迪·樊和美国驻联合国大使 John Bolton

■ 安迪·樊和全球 CEO 俱乐部创始人、主席 Joe Mancuso 博士

■ 安迪·樊和全国人大常委会副委员长成思危

■ 安迪·樊和拉斯维加斯商务司司长 Bill Arent

■ 安迪 · 樊和博鳌亚洲论坛秘书长龙永图

■ 安迪 · 樊和中国华夏文化遗产基金会理事长耿莹（耿彪女儿）

■ 安迪 · 樊和意大利驻华大使 Paolo Bruni

■ 安迪 · 樊和英国驻洛山矶总领事 Bob Peirce

■ 安迪 · 樊和全球 CEO 俱乐部主席 Joe Mancuso 接受媒体采访

■ 安迪 · 樊和意大利前总理、欧盟委员会前主席 Romano Prodi 一起参加 2010 年 CCTV 中国经济年度人物颁奖典礼招待酒会

■ 安迪 · 樊和 SOHO 中国董事长潘石屹

■ 安迪 · 樊和阿里巴巴 CEO 卫哲

■ 安迪 · 樊和创新工场董事长李开复

■ 安迪 · 樊和百度董事丁健

■ 安迪 · 樊和品牌中国联盟主席艾丰教授

■ 安迪 · 樊和万科董事长王石

■ 安迪 · 樊和新东方董事长俞敏洪

■ 安迪 · 樊和“华谊兄弟”董事长王中军

■ 安迪 · 樊和联想董事局主席柳传志

■ 安迪 · 樊和纳斯达克前中国区主席潘小夏

■ 安迪 · 樊和 TCL 董事长李东生

（应邀参加 2010 年 CCTV 中国经济年度论坛）

■ 安迪 · 樊和 UT 斯达康中国公司董事长吴鹰

■ 安迪·樊荣获“2009 中华杰出商业领袖”奖，并作获奖发言

■ 安迪·樊和阿里巴巴董事会主席马云在一起
（应邀参加 2010 年 CCTV 中国经济年度论坛）

■ 安迪·樊和王石、刘永好等共进晚宴
（2010 年 CCTV 中国经济年度人物颁奖典礼招待酒会）

■ 安迪·樊和美国纽交所上市公司尚德电力控股有限公司董事会主席施正荣

■ 安迪·樊和蒙牛创始人牛根生在一起
（应邀参加 2010 年 CCTV 中国经济年度论坛）

■ 安迪·樊和爱国者董事长冯军

■ 安迪·樊和新希望集团董事长刘永好

■ 安迪·樊和远东集团董事长蒋锡培

■ 安迪·樊和 J.P.Morgan(摩根大通)中国区董事总经理龚方雄

■ 安迪·樊和中欧国际工商学院经济学和金融学教授、原世界银行顾问许小年

■ 安迪·樊在洛杉矶接待香港财政司司长曾俊华 John C.Tsang

■ 安迪·樊和著名经济学家茅于轼

■ 安迪 · 樊和著名经济学家、清华大学中国经济研究中心主任李稻葵
（应邀参加 2010 年 CCTV 中国经济年度论坛）

■ 安迪 · 樊和瑞士 UBS 银行执行董事 Gregg Goldman

■ 安迪 · 樊和奥斯卡得奖者、金融家 Lee Shrout

■ 安迪 · 樊在美国陆军魔鬼训练营

■ 安迪 · 樊在美国陆军魔鬼训练营集体照（第 2 排左 1）

■ 安迪 · 樊荣获美国陆军颁发的“神枪手资格勋章”

■ 安迪 · 樊和诺贝尔经济学获奖者、欧元之父 Robert Mundell（蒙戴尔）

■ 安迪 · 樊 1987 年在纽约

■ "商界在线"采访安迪 · 樊

■ 安迪 · 樊荣获"2009 中华杰出商业领袖奖"，《红旗画刊》杂志社社长兼总编辑常怀立给他颁奖

■ 安迪 · 樊和美国电影明星 Jorge Garcia 一起在好莱坞电影院看电影

■ 安迪 · 樊和《魔戒》明星 David Wendham 在好莱坞电影院看电影

■ 阿里巴巴采访安迪·樊

■ 安迪·樊和《福布斯》全球副主编 Russell Flannery（范鲁贤）同台讲演

■ 安迪·樊和郭冬临

■ 安迪·樊和陈伟鸿

■ 安迪·樊和芮成钢

■ 安迪·樊在农行讲演

■ 安迪·樊和赵宝乐

■ 安迪·樊应邀参加2010年CCTV中国年度经济人物颁奖典礼

■ 安迪·樊和王小丫

■ 安迪·樊和王凯

■ 安迪·樊和倪萍

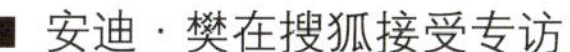

■ 安迪·樊在搜狐接受专访

■ 中央电视台 2010 年 5 月播放安迪·樊亲赴灾区捐款和救灾、接受灾区群众献花的节目《携手同行》

■ 安迪·樊和赵忠祥老师

■ 安迪·樊和毕福剑

■ 激情的“安迪粉丝”

■ 北京电视台采访安迪·樊

■ 安迪·樊在央视做节目

■ 第 37 届世界旅游小姐全球总决赛颁奖晚会

（安迪·樊颁发最佳人气奖）

《融资：奔向华尔街》

《融资：奔向纳斯达克》

《融资：奔向欧洲资本市场》

《融资：奔向中国创业板》

《融资：奔向亚太资本市场》

《秘密：梦想成真的人生法则》

《克林顿和我的一生》（第一版）

《VIEW 大视野》杂志选登安迪为 2010 封面人物

《商会 Commmerce 》杂志选登安迪为 2010 年特刊封面人物

《世界华商 World Chinese Businessmen》杂志选登安迪为 2009 年封面人物

《发现》杂志选登安迪为 2009 年首刊封面人物

《华商 Chinese Busines Leader》杂志选登安迪为 2008 年封面人物

本书特别感谢

美国最富有智慧的总统——克林顿

没有您的指点和启示
就没有我的成功
就没有此书的成功

安迪·樊（Andy Fan）简介

摘自《世界华商》杂志："安迪·樊（Andy Fan）的六个传奇"

一百多天，上市神话

2008年春天，安迪在完成《秘密》书稿的过程中，也正好开始为他1月刚注册的新公司制订商业计划。一生都在不断挑战自己心理和生理极限的他，定下了一生中最不可思议的目标：全面启动自己在美国政商界和金融界的人脉优势，要将自己的新公司，在离北京奥运会只剩下100多天的时间内，赶在奥运期间在美国上市。这段期间，他经常一天睡觉4个小时，公司主营业务的选择独到和远见（服务美国中小企业出口），正确判断美国经济的走势，和他在西点军校式魔鬼训练营得到的世界顶级的超强培训，也都是他成功的关键因素……2008年8月14日，北京奥运第6天，安迪的新公司完成美国上市审批全部手续，在美国成功上市，正式成为美国1万多家上市公司中骄傲的一员，Yahoo、Google、MSN、PRWEB News等都进行了全球财经新闻报道。

从4月14日Yahoo等美国媒体第一次新闻报道安迪公司启动上市，到8月14日Yahoo等全面报道其成功上市，一共120天。安迪创造了一个中国人强势闯入堡垒重重的美国上市公司圈的"上市神话"，成为第一个100多天将新公司在美国成功上市的中国人。美国共有约3000万家公司，上市公司仅1万多家，安迪也因此成为屈指可数的成功闯入美国上流精英阶层的海外华人的骄傲。

两年后，安迪·樊将他的百天上市模式成功移植到中国，安迪·樊"上市神话"的中国版本大获成功，而且他又一次超越了自己：2010年11月1日，CCG公司，一家全部业务在中国的电子商务科技公司，正式聘请安迪·樊为总裁冲刺在美国上市……89天后——2011年1月28日，该公司在美国成功上市，NASDAQ OMX（纳斯达克OMX）、Globe Newswire（全球新闻）、MSN等美国主流媒体都进行了广泛报道，这次只用了89天，打破了2008年安迪自己的美国公司百天上市的记录！

二位恩师，人生转折

安迪一生中最重要的人有两个：许国璋教授和克林顿总统。两位恩师彻底改变了他的命运。

从小就梦想成为一代英语宗师许国璋的学生，安迪20世纪80年代高中毕业后如愿以偿，考入名校北京外国语大学英语系，拜读于许国璋等名师下。勤奋好学的他，大学四年在北外打下了坚实的英语基础。毕业后安迪获美国大学奖学金赴美自费留学，是中国改革开放后最早一批出国潮的弄潮儿。在美国大学研究生院就读期间，经好朋友校长介绍给当时阿肯色州州长克林顿认识。安迪受到克林顿赏识并担任其翻译，成为第一个为克林顿做翻译的中国人。在这段难忘的日子里，安迪从克林顿那里不仅学到很多美国政治、经济、文化方面的宝贵知识，更是从克林顿的言传身教和潜移默化中悟到了事业成功和人生幸福的真谛和秘密。这些感悟和理念促成他后来写出了《克林顿和我的一生》、《秘密：改变一生命运的宇宙法则》、《秘密：梦想成真的人生法则》等畅销书，读者和粉丝遍布大江南北。

由于克林顿的赏识和引见，安迪在美国结识了很多政界和商界的要员、名流和精英，命运从此改变；这些高端人脉的多方支持，使得他后来公司仅用100多天在美国上市的梦想得以成为现实。

三次登台，神州喝彩

安迪常被邀请参加全国规格最高的企业峰会和顶级论坛，包括2005年应邀参加北京“诺贝尔奖获得者与企业家对话专场”等。但下面的3次登上讲台，又把安迪在华人商界的影响力和知名度推向了新的高峰：

（1）2006年，安迪应福布斯邀请参加“福布斯中国城市投资论坛”，并与福布斯全球副主编 Russell Flannery 一起同台演讲。这次福布斯的亮相和讲演，不仅让安迪在美国的政商界朋友们再次认识到安迪在中国的影响和地位，也让中国了解到一个已得到了美国主流媒体和企业界认可并欣赏的华裔企业家。

（2）2009年，他作为华商领袖之一，和王石、潘石屹、柳传志、李开复、王中军、唐骏等一同应邀参加第7届“全球华人企业领袖峰会”，奠定了安迪在世界华商界的地位和品牌。

（3）2009年，在《求是》杂志社主办主管的《红旗画刊》举办的全球商业领袖推选活动中，安迪荣获《2009·中华杰出商业领袖》奖，获奖理由：“青年才俊，用不懈努力成就美国总统翻译、畅销书作家和美军神枪手多项身份；商界天才，敢于打破固有惯例，运用崭新概念和策略，缔造100天上市神话；是融贯中西、文武双全的商界翘楚。”安迪在企业界多年的奋斗和耕耘，再一次赢得商界和社会的高度赞赏并赋予最高荣誉。

四书四刊，粉丝万千

安迪的四本书多年畅销全国各地，一版再版，包括《克林顿和我的一生》、《秘密：改变一生命运的宇宙法则》、《秘密：梦想成真的人生法则》、《融资：奔向纳斯达克》等，其中《融资：奔向纳斯达克》已跃升为财经类第二畅销书。另外，安迪的最新力作，得到柳传志、王石、俞敏洪、潘石屹、李开复等联袂推荐的《融资：奔向中国创业板》也很快登上了财经类畅销书榜。

据不完全统计，至少有四本华商界最有影响的杂志已经把安迪选登为封面人物，包括：《Chinese Business Leader（华商）》、《World Chinese Businessman（世界华商）》、《VIEW（大视野）》、《发现》等。另外，《Commerce（商会）》杂志也将安迪选登为2010年特刊的封面人物。

五发五中，文武双全

1997年，安迪在美国的事业陷入低潮。彷徨郁闷的他有一天在图书馆浏览，突然读到这段令他震惊的文字：

“二次世界大战后，美国财富500强的公司里，有一千多名董事长、两千多名副董事长和五千多名总经理，毕业于西点军校。”

安迪彻夜难眠，毅然决定申请去西点军校受训。虽然因为年龄超过而未能进入西点军校本部，但他却被推荐进入密苏里州的美国陆军训练营，亲自接受了西点军校式“魔鬼训练营”的超强训练，尤其是在射击考核中，安迪五发五中，荣获美国陆军颁发的“神枪手资格勋章”，成为获此殊荣的第一个中国人。安迪当时在训练营被戏称做“以枪代拳的李小龙”，一时传为佳话。这段世界最顶级的培训，为安迪日后成为美国上市公司老板打下了坚实的心理和生理基础。

博鳌亚洲论坛秘书长龙永图先生在评价安迪时用了“融贯中西，文武双全”八个字，很经典地概括了安迪极富传奇色彩的跨国成功背景，和他既能成为美军神枪手又能成为中国畅销书作家的“能文能武”的罕见才华。

六十楷模，邮票纪念

2009年，为庆祝中华人民共和国建国60周年，表扬、纪念海内外为共和国成立60年在经济、政治、文化作出杰出贡献的60位华人楷模，由中国国家邮政总局和中国集邮总公司推出《复兴之路——共和国建国60周年、海内外60位华人楷模》肖像珍藏邮票及邮册，安迪荣幸当选，当选评语是：“三次辉煌：担任克林顿总统翻译；亲历美国‘西点军校’式魔鬼训练营；100多天将公司在美上市。著有《克林顿和我的一生》、《秘密：改变一生命运的宇宙法则》、《融资：奔向纳斯达克》等4本畅销书”。

作为60人中的1人，安迪的肖像被印在2009年的中国邮票上作为永久纪念。

目　录
Contents

序
Foreword

Everything in the universe goes in endless cycles：life，matter，seasons...

It takes but five days to totally change my life... it can do the same for you...

宇宙万物，周而复始，生生不息……这五天改变了我的一生……它也将改变你的一生……

我一生中有很多贵人，克林顿是彻底改变了我一生的最重要的贵人。在克林顿身边的日子里，喜欢思考和写作的我，常常把自己的感悟、理解、体会、冥想写成日记，日积月累就厚得像一本书。很多学校、企业请我去讲演，分享我的人生经历和成功经验，我每次都是即兴发挥，但我发现我讲演的内容多来源于这多年的日记。为了使讲演更有系统，我曾想过做一个“成功、幸福、财富、爱情同时拥有”的五天（周一至周五）课件，作为讲演或讲座的脚本。后来我想，如果我把这些日记初稿进行整理、提炼和丰富，加工成一本完整的书献给听众和读者，岂不更好？这就是你今天看到的这本《克林顿改变了我的一生》……

每个人都渴望成功。成功意味着许多美好的事物，意味着获得赞美，赢得尊敬，意味着自我价值的实现。每个人都希望自己是一个成功者。没有人喜欢成为一个可有可无的二流角色，任人摆布，平庸地度过一生。可以说，每个人来到世上就是为了获得成功，实现人生的理想。然而事实上，成功者只是少数人，更多的人似乎没有这么幸运，终其一生都过着普通人的生活，永远找不着通往成功之路。阿里巴巴的故事之所以令人们神往，原因就在于每个人都渴望掌握一个芝麻开门的神奇咒语，开启那通往财富和幸福的幸运之门。人的成功当然不能指望那神奇咒语，天上是不会掉下馅饼的。但成功是有路可寻的。

在诺曼·卡曾斯所写的《病理的解剖》一书中，说了一则关于本世纪最伟大的大提琴家之一卡萨尔斯的故事。这是一则关于信念和更新的故事，你我都会从中得到启示。

他们会面的日子，恰在卡萨尔斯九十大寿前不久。卡曾斯说，他实在不忍看那老人所过的日子。他是那么衰老，加上严重的关节炎，不得不让人协助穿衣服；呼吸很费劲，看得出患有肺气肿；走起路来颤颤巍巍，头不时地往前颠；双手有些肿胀，十根手指像鹰爪般地钩曲着。从外表看来，他实在是老态龙钟。

就在吃早餐前，他贴近钢琴，那是他擅长的几种乐器之一。很吃力地，他才被扶坐上钢琴凳，颤抖地把那钩曲肿胀的手指抬到琴键上。

霎时，神奇的事发生了。卡萨尔斯突然像完全变了个人似地，透出飞扬的神采，而身体也跟着开始能动并弹奏起来，仿佛是一位健康的、强壮的、柔软的钢琴家。卡曾斯描述说：“他的手指缓缓地舒展移向琴键，好像迎向阳光的树枝嫩芽，他的背脊直挺挺的，呼吸也似乎顺畅起来。”弹奏钢琴，完完全全地改变了他的心理和生理状态。

当他弹奏巴哈的 Wohltemperierte Klavier 一曲时，是那么的纯熟灵巧，丝丝入扣；随之他奏起布拉姆斯的协奏曲，手指在琴键上像游鱼轻快地滑着。“他整个身子像被音乐融解，”卡曾斯写道，“不再僵直和佝偻，代之的是柔软和优雅，不再为关节炎所苦。”他演奏完毕，离座而起时，跟他当初就座弹奏时全然不同。他站得更挺，看起来更高，走起路来也不再拖着地。他飞快地走向餐桌，大口地吃着，然后走出家门，漫步在海滩的清风中。

卡萨尔斯热爱音乐和艺术，那不仅能使他的人生美丽、高贵，并且能每日带给他神奇。正是这样一种对音乐的执著信念，让他每日从一个疲惫的老人化为活泼的精灵。说得更玄些，是信念，让他活下去。

信念是一种指导原则和信仰，让我们明了人生的意义和方向，信念是人人可以支取，且取之不尽的；信念像一张早已安置好的滤网，过滤我们所看到的世界，信念也像脑子的指挥中枢，指挥我们的脑子，照着我们所相信的，去看待事情的变化。

信念像指南针和地图，指引出我们要去的目标，并确信必能到达。没有信念的人，就像少了马达缺了舵的汽艇，不能动弹。所以在人生中，必须要有信念的引导，它会帮助你看到目标，鼓舞你去追求，创造你想要的人生。

真的，世界上没有任何力量像信念这样，影响我们如此巨大。人类的历史，根本就可说是信念的历史。像哥白尼、哥伦布、爱迪生和爱因斯坦等人，他们何尝不是改变历史，也改变我们信念之人。若想效法伟人，那就效法他们对成功的执著信念吧！

朋友，你有自己的人生信念吗？你有对成功强烈渴求的信念吗？你认识你自己吗？你知道自己最喜欢和最擅长什么吗？你知道自己最大的缺点和最大的优点是什么吗？你知道自己最想要的是什么吗？你知道一个人怎样才能成功吗？

也许我们常有这样的感受：为什么有的人能够实现自己的梦想，过自己梦想的生活，可以享受大房子，有自己的私人飞机，拥有世人的崇拜和羡慕，甚至，可以去办孤儿院福利院让爱心扬名于世。然而，每天又有多少人都挣扎在温饱线上，为着一日三餐而苦苦争斗，又或者过一天算一天，不想过去，不想现在，不想未来，过着做一天和尚撞一天钟的无聊生活。

五天，一个太过短暂也太过平凡的周期，平凡得让我们常常忽略了五天的重要性，每周都同样的心情，同样的境遇，同样的烦恼，同样的压力，甚至还会情不自禁地感叹：这五天是多么的枯燥和无味呀！

然而，就是这短短的五天，却可以彻彻底底改变整个人生！

我们这个时代，是一个造就成功的时代，是最能让人发挥才智的时代！不要怨生不逢时，叹英雄无用武之地。其实当代社会根本不存在“怀才不遇”，处处充满机遇、选择。怕只怕，当机遇出现在你面前的时候，你没有足够的准备与勇气，你不是个“英雄”。

旅欧作家严歌苓有一次被问到，你在国外算比较成功的了，多年来坚持用母语创作并拥有大量的读者，作品在国内外都有获奖，应该算是成功人士了。可是在国外的大多数中国人却并不像你这么幸运，他们的生活并不像国内人想象得那么好，你是如何看待中国人在外国是否成功这个问题的呢。

严歌苓所说的引起了我的共鸣。她说，她所认为的成功，就是内心与外在的和谐。如果你外在很成功了，可是你的内心冲突很激烈，你所做的不是你所喜欢的，并且你因为种种原因不能改变或不能下决心去改变，那么你一定很不快乐，她认为这其实是不成功。俗话说拥有得越多越难放弃，用心去倾听内心的声音，你想要的到底是什么。也许，当你真正知道自己想要的是什么时，你才可以真正地成功。

我国宋代禅宗大师青原行思提出参禅的三重境界：参禅之初，看山是山，看水是水；禅有悟时，看山不是山，看水不是水；禅中彻悟，看山仍然是山，看水仍然是水。禅师意为，刚开始参禅的人，因为心中有俗世的杂念在作怪，看到山水时自然不假思索地认为是人们普遍观念中的山水，而对禅稍微有慧悟时，就会对人们的普遍观念发生怀疑，直到最后完全禅悟时，才会达到对尘世中的一切烦扰都不动心的境界：你是山也好水也罢，我自有我的信念、我的追求，谁也不能影响我对自己信念的追求！

你也许正处在人生“看山是山，看水是水”的阶段，那么现在请你随着我的叙诉，再次看看人生的山山水水，看看你自己的山山水水。最终虽然山依是山，水依是水，但我相信，在我带你看“山山水水”时，你的人生观肯定会发生改变，并最终会形成一种新的人生理念。德国著名哲学家费尔巴哈说：“人是人的上帝。我衷心地祝福各位，都是自己的上帝，找准独属于自己的人生航向。”

在古希腊，有这样一个“哥迪阿斯之结”的故事。

外地人来到朱庇特神庙，都被引导去看哥迪阿斯王的牛车，每个人都惊叹哥迪阿斯把牛桅打结在车辕上的技巧。

“只有了不起的人，才能打出这样的结果。”有人这样说。

“你说得对，但是要解开这个结的人，必定更了不起。”庙里的神使说。

“那是因为什么呢？”参拜的人问。

“因为能够解开这个奇妙结的人，将把全世界变成为他的王国。”庙里的神使说。

自此以后，每年都有很多人来解这个结，可是绳头总是看不到，他们甚至不知道从何下手。

几百年后，来了一位年轻的国王，名叫亚历山大。他征服了整个希腊，曾经率兵打败了波斯国王。亚历山大仔细观察了这个结，他也找不到绳头，于是他举起剑来一砍，把绳子砍成了很多段，牛桅就落到了地上。

“整个世界都属于我。”他说。

有时，最简单的方法，就是最有效的方法。五天可以改变一个人的命运，这最简单的成功法则，你试了就知道！

宇宙万物，周而复始，生生不息……这五天改变了我的一生……它也将改变你的一生……

第一天
Day I

... the source of everything... I dream, therefore I exist...

万物之源……我梦，所以我存在……

古代有位秀才第三次进京赶考，住在一个经常住的店里。考试前两天他做了三个梦：第一个梦是自己在墙上种白菜；第二个梦是下雨天，他戴了斗笠还打伞；第三个梦是跟心爱的邻家小妹脱光了衣服躺在一起，但是背靠着背。

这三个梦似乎有些深意，秀才第二天就赶紧去找算命的解梦。算命的一听，连拍大腿说："你还是回家吧。你想想，高墙上种菜不是白费劲吗？戴斗笠打雨伞不是多此一举吗？跟邻家小妹都脱光了躺在一张床上了，却背靠背，不是没戏吗？"

秀才一听，心灰意冷，回店收拾包袱准备回家。店老板非常奇怪，问："不是明天才考试吗，今天你怎么就回乡了？"

秀才如此这般说了一番，店老板乐了："哟，我也会解梦的。我倒觉得，你这次一定要留下来。你想想，墙上种菜不是高种（中）吗？戴斗笠打伞不是说明你这次有备无患吗？跟邻家小妹脱光了背靠背躺在床上，不是说明你翻身的时候就要到了吗？”

秀才一听，更有道理，于是精神振奋地参加考试，居然中了个探花。

积极的人，像太阳，照到哪里哪里亮；消极的人，像月亮，初一和十五不一样。思维决定我们的生活，有什么样的思维，就有什么样的未来。

年轻时候的挪威著名剧作家易普生，曾经热衷于工人运动。有一天，当他正在写一些秘密联络信函时，忽然有一群警察包围了他的住宅。警察的呐喊声夹杂着敲门声，让人胆战心惊。

眼看警察就要破门而入，来不及烧掉这些机密文件了，怎么办？他心想：警察近来一定会到处搜查机密文件，藏起来不是办法。他强作镇定，想了一下警察会如何做之后，将所有的重要机密文件都一一揉成纸团，丢在桌椅下、纸篓里，并且把无关紧要的文件，藏在了床底下的一个小柜中，这才打开大门。

一开门，警察冲了进来，四处翻箱倒柜，他假装十分惶恐地朝床底下看了几眼。

经过训练的警察哪能放过他的眼神，立即朝床下搜寻，得意地拿走了大批无用的文件，也带走了易普生。自然，一些无用的文件，让易普生很容易就被无罪释放了。

要想突破困境，就要跳出僵固的思维习惯，甚至要逆向思维，才能取得主动权，操控引导别人的思考方式，来达到自己的目的。

再向大家讲述一个小故事：

有天晚上，我与一个美国朋友过天桥时碰到了一位乞丐，这位乞丐刚开始像平日里的乞丐一样，张着双手向美国朋友乞讨。也许他在中国这种情况见得太多了，所以刚开始没有一点怜悯乞丐的意思，出人意料的是，这时那位乞丐竟说了一句英文，“Please，mercy on me.”（可怜可怜我吧）。当时，美国朋友听到后就又走了回来，掏出 5 美元递给了乞丐。

这个看似很小的乞讨事件，实际蕴涵了一个深刻的哲理：什么事都有可能，成功随时都有可能，只要你能够创新，改变常规的思维。那位乞丐的成功乞讨无疑在于他用了不同于一般乞丐的乞讨用语。

有一则故事，说一个犹太商人用价值 50 万美元的股票和债券作抵押向纽约一家银行申请 1 美元的贷款。乍一看，似乎让人不可思议。但看完之后，你就不得不被那位犹太商人的聪明才智而折服。

那位犹太商人申请 1 美元贷款的真正目的是为了让银行替他保存巨额的股票与债券。按照常规，像有价证券等贵重物品应存放在银行金库的保险柜中，但是犹太商人却悖于常理地通过抵押贷款的办法轻松地解决了问题，为此他省去了昂贵的保险柜租金而每年只需要付出 6 美分的贷款利息。

只有先改变思维，才能改变生活；只有先改变人，才能改变人生。思维完全可以改变，只要你能拿出勇气。

美国有一家生产牙膏的公司，产品优良，包装精美，深受广大消费者的喜爱，业务蒸蒸日上。记录显示，前10年，每年的营销额增长率为10%—20%。这令董事会兴奋万分。

不过进入第11、12、13年时，营销额则停滞下来，但每月大体维持在同样的数字，董事会对此3年的业绩表现十分不满，便召开经理级以上的高层会议，商讨对策。会议中，有位年轻的经理站了起来，对总裁说："我这里有一张纸条，里面有个建议，若您要采用我的建议，必须另付我5万美元。"

总裁听了很生气地说："我每个月都支付你薪水，另有分红、奖金，现在叫你来开会讨论对策，你还另外要求5万美元，是不是太过分？"

"总裁先生，请别误会，您支付我的薪水，让我平时卖力地为公司工作。但这是一个重大而又有价值的建议，您应该支付我额外的奖金。若我的建议行不通，您可以将它丢弃，1分钱也不必支付。但是，您损失的必定不止5万美元。"年轻的经理说。

"好，我就看看它为什么值这么多钱？"总裁接过那张纸条，阅毕，马上签了一张5万美元的支票给那个年轻的经理。

那张纸条上只写了一句话："将现在的牙膏开口直径扩大1毫米。"

总裁马上下令更换新的包装。试想，每天早晚，消费者多用直径扩大1毫米的牙膏，每天牙膏的消费量将多出多少倍呢？这个决定，使该公司第14个年头的营业额增加了32%。

一个小小的改变，往往会引起意料不到的变化。当你习惯于旧有思维模式而走不出一条新路时，何不将你的脑袋打开1毫米？

下面，我们就开始第一天的训练：改变思维。第一天是最关键的一天，是迈向成功的基础和根本。思想乃万物之源……我梦我思，所以我存在……改变思维是改变任何事情的前提。

第一天，改变思维。

一、世上最富的地方（挖掘潜力）

每个人都有潜在的能量，只是很容易被习惯所掩盖，被时间所迷离，被惰性所消磨。

1858年，瑞典的一个富豪人家生下了一个女儿。然而不久，孩子染患了一种无法解释的瘫痪症，丧失了走路的能力。

一次，女孩和家人一起乘船旅行。船长的太太给孩子讲船长有一只天堂鸟，她被这只鸟的描述迷住了，极想亲眼看一看。于是保姆把孩子留在甲板上，去找船长。孩子耐不住性子等待，她要求船上的服务生立即带她去看天堂鸟。那服务生并不知道她的腿不能走路，而只顾带着她一道去看那只美丽的小鸟。奇迹发生了，孩子因为过度地渴望，竟忘我地拉住服务生的手，慢慢地走了起来。从此，孩子的病便痊愈了。女孩子长大后，忘我地投入到文学创作中。她就是茜尔玛·拉格萝芙，第一位荣获诺贝尔文学奖的女性。

一个值夜班的工人半夜回家，由于月光不错，他决定穿过坟场抄近路回家，不小心跌进一个墓穴。他急着要爬出去，可是墓穴太深，他爬得筋疲力尽，仍然无济于事。最后，他决定干脆休息一下，等明天早上再向路人求救。

这位工人在墓穴一角半梦半醒时，忽然一个醉汉也从上面掉了下来，那人没有注意到坑里已经有一个人了，一心想要爬上去，双手在两旁乱抓，可是怎么爬都爬不上去。那位工人不忍看他白费劲，就好心伸手抓住醉汉的脚说："老兄，我试过了，不可能从这里爬出去的。"

谁知他话音刚落，那醉汉尖叫一声："鬼呀！"然后三下五除二地从坑里蹿了出去。

人在紧要关头完全能激发他的全部潜能，实现他原来根本就不敢想像能够达到的目标。

有位师傅带着小徒弟在山涧漫游，忽然，小徒弟一声惊叫，指着远方急切地喊着："师傅，你看，一只饿狼在追着一只仓皇而逃的兔子。"

小徒弟问道："师傅，要不要救救那只兔子？我看它跑得好可怜。"师傅笑笑说："不急，我出个题目：你猜这只恶狼能不能追上那只兔子呢？"徒弟想了想，回答道："应该很快就追上了吧。"师傅正色道："不对，追不上。"徒弟诧异问："为什么？"

师傅慈祥地说："因为恶狼在乎的，不过只是一顿午餐，追不上兔子，它可以转而追捕其他东西。但是对兔子而言，那就大大不同了。它若是被恶狼追上，自己的性命也就完蛋了，所以兔子会用尽全部力量来逃命，所以我说，恶狼追不上兔子，你看吧。”

果然，狼与兔子之间的距离越来越远，终于，狼放弃了。小徒弟又问：“师傅，照这么说来恶狼永远也追不上兔子了？”师傅摸着小徒弟的头说：“只要狼群一起行动，兔子跑得再快，还是脱不出它们的围捕。”

人之所以能够成功，或许他正如兔子般凡事全力以赴，故而得以完全激发潜能。而有人遭遇失败，或许就如狼一样，只是为了糊口。

先告诉大家这两个故事，就是让大家明白，我们每个人身上都有无穷的潜力，只要你善于挖掘，善于利用，最终都会走向成功。

挖掘潜力是改变思维的基础，一个人只有先认识到自身的潜力，才能建立自信心。成功等于正确的思想方法加信念加行动。要想成为思想方法正确的人，必须具备顽强坚定的性格，挖掘潜力，不时进行“我行”、“我是优秀的”、“还须再改进”的心理暗示。

著名心理学家威廉·詹姆斯指出，要使一个人真正努力确实很困难。他以“疲乏的第一层面”的说法来解释。通常人经过短暂的努力之后会感到很疲倦，然后会想半途而废。我们很少能推动自己穿透疲乏的层面，发掘下面隐藏的潜力。但是，如果真正推动自己，挖掘自己的潜力，往往会取得惊人的效果。

人体是一个无穷的宝藏，根据科学研究显示，如果把人的肉体转换成电，根据市价，足以产生价值860亿美元的电力，可以满足12个工业国家一个星期的用电。如果把世界上最先进的计算机摆满纽约帝国大厦的每一层楼，其智力总和还不如一个小孩的大脑！前苏联科学家发现，如果只开发人大脑一半的潜能，就可以讲40种语言，可以把百科全书全都背下来，并完成几十所大学的全部课程。可见，人大脑的潜力有多大！人体的能量真是无法估量的，人类进化到现在，本身就是一个奇迹！所以我常常跟我的员工们说："我们常常没有意识到自己有多富裕！"

拥有如此巨大的潜能，每个人生下来就都应该成功。可有的人常常以自己傻、笨来搪塞他的失败，如果他能意识到自己的能量是如此的巨大，他也许就不会如此地自我贬低。上天和父母赐给我们的能量远远超过了我们需要的能量，如果没有生理上的缺陷或不足，是不可能不够用的。我们只该说我们没有充分利用自己的能力，而不该说我们"不行"。

在一次经济管理讲座中，一位教授在现场提了一个问题。他拿起一个苹果说：这个苹果的实际价值为0.5元，请问谁能使它以30元的价格售出？

台下唏嘘一片。

教授不慌不忙地指着讲桌说：做这个所用的木材，其价值可能仅有几十元，但通过进一步加工做成讲桌，就可卖成百元，如果再经过精雕细刻，其价值可能就上千了。经他这么点拨后，现场气氛变得活跃起来，陆续有人围绕着苹果增值问题发了言。

"经过漂亮的包装处理，就可多卖些钱……"

"把它做成一个有注册商标的礼品，就可大大提升起价……"

"今年，有位国家领导来当地视察工作时，品尝了这种苹果后曾大加赞赏，如果我们抓住这条信息来做宣传，苹果就肯定能卖个好价钱……"

"如果这个苹果恰巧是国家领导品尝的苹果园所产，那么将其置于大商场就可能卖上百元，甚至几百元……"

教授在对这些思路赞赏的同时，又提出了一个问题：如果这个苹果和这段轶闻没有关系，怎么还能卖大价钱?

经过思索后，有人提出：那就制造与这只苹果相关的轰动效应，比如：请名人为其签字，或有奖销售，云云。其实“功夫在诗外”的道理，并不仅限于诗，苹果外的世界是无限的，这种意识比苹果本身重要得多。

智慧是无价的，因此，我们不论是对人还是对物，如果能通过智慧来挖掘其潜在可能存在的空间，那么增值就成了顺理成章的事情。

大家都知道，日本是一个弹丸小国，地小人多，资源贫乏。许多人开玩笑说，日本的资料贫乏到天天吃生鱼的地步。但是日本人有一个很大的优点，那就是非常善于学习，并且非常善于给自己定很高的标准。日本因为资源贫乏，所以日本有一个非常突出的特点，即它的进攻性比较强，长期以来，日本人一直和中国人过不去。二战以后，日本虽然战败，但是它的进攻性仍然非常明显，它的进攻性不再是体现在军事的进攻上，而是体现在经济上。日本生产大量的可以进攻到别的国家的高质量产品，想方设法使自己的产品质量优于其他国家产品的质量。在短短的几十年内，由于日本意识到了这点，并做到了这点，所以它的产品打遍了全世界。日本的迅速发展正是因为它认识到并发掘了自身的潜力。

一般来说，人们常常会给自己划定很多陷阱，最可能的有这9种情况：

1. 这个事情一看就是不可能的；
2. 这个事情有太多的问题要解决；
3. 别人从来没做过；
4. 有失败的危险；
5. 这个计划不完美；

6. 到目前为止还没有人很完美地策划过此事；

7. 我们的时间、能力、财力都不够；

8. 这个事情不是我想出来的，我也得不到利益；

9. 我什么都试过了，行不通。

很多没有实现的梦和计划，没有完成的爱情，很多都可以在这九个陷阱中找到答案。

中国人可能比美国人更无法突破这九个陷阱。美国人喜欢冒险，喜欢突破，而有的中国人和中国公司则通常是双方还没有交战，就认为自己不行，自己先把自己打败了。

人最大的敌人往往是自己。其实外面的敌人并没有想像中的那么可怕，坚不可摧。只要你能战胜自己，你就是天下无敌的。然而为什么有的人可以跳出别人画的圈，却跳不出自己画的圈呢？因为自我意识在作怪，他们认可自己的圈，他觉得这是自然而然的。

我们的生活目的之一是为了能自尊、自爱、自信地活下去。你要想自尊、自爱、自信地活下去，就必须要充分认识到自身的潜力，发挥自己的潜力，掌握一定的技能，并且因为你具备这种能力，你可以用它换取你需要的资源，包括财富资源和生活资源。你要问问自己，你能做出什么，你怎样才能把一个东西做到非常好，以至别人只要想到这个东西就马上想到你。如果你有了这种本领，你肯定能生活得非常好。

比如，我从朋友那了解到，一个人专门研究蒋介石，这个其实不能算作技能，但是由于他研究的时间很长，而且研究得很深很透，所以最后他就被美国的一个大学教授看上了，邀请他读博士。他在美国读了四年博士，写了两本研究中国现代史的专著，最后，他留在那所大学当了教授。从此他通过研究蒋介石和在大学教中国现代史在美国谋取了一席之地。他凭着这个能力就可以换取自己生活所必要的资源。简单对挖掘潜力做一个概括，就是抓住一个你自己最喜欢研究的东西，一直研究到底为止，直到全世界都公认你在这方面的能力，这个时候你就达到了人生的最完美境界。我们发挥潜力的最终目的是为了获得智慧，没有智慧的人生是灰暗的人生，没有洞察力和判断力的人生是没有方向的人生。我们刚认识到自己潜力的时候，也许开始时并不顺利，但总有一天会脱离贫困与凄苦的境遇，让梦想成真。

社会的需求不断演化着，旧的需求不断消失，新的需求不断产生。昨天的抢手货今天会变得无人问津，生活处于不断的变异之中。在发挥自己的潜力时，一定要分析社会需求，择世之所需。职业不同，对技能的要求也不一样。任何职业都要求从业者掌握一定的技能，具备一定的条件。难以想像让一名卡车司机驾驶一架波音飞机会出现怎样的后果！也没有人会让一个文盲去操纵计算机——他们不具备那些职业能力。

任何一种技能都是经过一定时间的训练后才被掌握的。而人的一生很短暂，任何人都不可能在一生中掌握所有的技能。尺有所短，寸有所长。你也许兴趣广泛，掌握多种技能，这些技能中，总有让你最能发挥你潜力的长项。有些人善于与人打交道，有些人则更适合与机器或电脑打交道。选择最有利于发挥自己潜力的职业，即择己所长。

马克·吐温作为美国著名的职业作家和演说家可谓名扬四海，取得了极大的成功。你也许不知道，马克·吐温在试图成为一名商人时却栽尽跟头，吃尽苦头。马克·吐温投资开发打字机，最后赔掉5万美元，一无所获；他看见出版商因为发行他的作品赚了大钱，心里很不服气，也想发这笔财，于是他开办了一家出版公司。经商与写作毕竟风马牛不相及，他很快陷入困境，这次短暂的商业经历以出版公司破产倒闭告终，作家本人也陷入债务危机。经过两次打击，他终于认识到自己毫无商业才能，遂绝了经商的念头，开始在全国巡回演说。这回，风趣幽默、才思敏捷的马克·吐温完全没有了商场中的狼狈，重新找回了感觉。

马克·吐温最终的成功无疑在于正确地发挥了他的潜力。当你长处较多时，不妨观察一下周围人群，研究一下别人的长短处，如果你的长处也正是别人的短处，不妨考虑这种选择。选择一个能充分发挥自己潜力，又是时下人才短缺的职业，你的选择就能让你平步青云，一枝独秀。

有人问：世界上最富有的地方是哪里？有人说是银行和金库，有人说是钻石矿。我说，其实都不是，世界上最富有的地方是墓地，那里装满了人们所有未实现的梦想，未尽的感情。如果把这些开发出来，将比任何地方都富有！人一生的所为，跟其潜力相比，相差实在太远。

“墓地”可以启发我们很多：我们拥有的财富是如此多，我们不是没有梦想，不是没有期望，也不是我们有缺陷无法实现，而是我们没有脚踏实地坚持不懈地去努力，我们没有按照自己的目标安排、策划和完美人生。极少数的人之所以能成功，不过是因为他们明白这些道理，并且付诸了行动。

其实，每个人出生时，被赋予的潜能并没有天大差别。人后来的成就却有天大的不同，全在于每个人一生对自身的潜力开发了多少。

正确地认识自己的潜力，还要学会过狼群一样的生活。狼有三个特点：一是狼即使剩下最后一只的时候，它也会勇往直前地去掠取食物，也就是说它具有勇敢性。二是狼是群体动物，很少有一只狼单独掠取食物的时候，所以即使老虎看到狼群也会退避三舍，这就是群体的力量。一个人要想在社会上有所作为，他必须要认识到群体力量的重要性，并且要学会利用群体的力量。三是狼能够排除无能之狼。当狼群中的头狼老了的时候，年轻的狼就会把它从狼的位置上拉下来，这样就能保持整体狼群的强大。人也是一样，要想成大事，必须最大地发挥自己的潜力，要勇敢，要能团结别人一起做事，要能排除自己身上的无能之处。

一个雕塑家有天发现自己的面貌越来越丑，并不是指肤色、五官，而是指自己的神情、神态，怎么就那样的“狡诈”、“凶恶”、“古怪”，以至于使面相本身也让人感到可恶可怕。

他遍访名医，均无办法。因为吃药、整容是无法医治一个人的愁眉苦脸，也无法医疗一个人的神态的。

一个偶然的机会，他游历到一座寺庙，把自己的苦衷向长老说了，长老说：“我可以治你的病，但不是白治，你必须先为我做点工，就是为我雕塑几尊神态各异的观音像。”

雕塑家接受了这个条件。

在中国千百年的传统文化中，观音是慈祥、善良、圣洁、宽仁、正义的化身。雕塑家在塑造过程中不断研究，琢磨观音的德行言表，不断模拟观音的心态和神情，达到了忘我的程度。

半年后，工作完成了，同时他惊奇地发现自己的相貌已经变得神清气朗、端正庄严、慈祥温和了。

他感谢长老治好了他的病。长老却说：“不，是你自己治好了自己。正所谓相由心生，相随心灭。”

一个人坚定自信，才会促使潜能发挥。一位哲人说得好：“没有任何东西可以阻挡思维方式正确的人达到他的目的，也没有任何东西可以帮助思维方式错误的人。”

如果自己已经给自己画了一个圈，这个圈就是一个限制；一辈子都在这个圈内做事，就认为圈外的事情都是自己无能为力的。打个比较通俗的空调的比喻。我们都知道，空调机如果设定为28度，当温度超过28度时，空调自动开启，冷空气进来进行降温。而低于28度时，它就让热空气进来升温。如果你认为你的能力是无限的，就可以随时超出28度，而不受具体数值的限制。一旦你为自己划定了温度范围，当你超出28度时，你也会认为那是侥幸获胜，然后又很快自动调回到28度，不越雷池一步。特别是在商界，如果跳不出习惯思维的怪圈，达不到突破性思维，成功可以说是遥遥无期的。人要敢于梦想，敢于想像，跳出想当然的思维限制。

奥克拉荷马州的土地上发现了石油。该地的所有权属于一位年老的印第安人。这位老印第安人终生都在贫穷之中，一发现石油以后，顿时变成了有钱人。于是他买下一辆卡迪拉克豪华旅行车，一顶林肯式礼帽，结了蝴蝶领带，并且抽一根黑色大雪茄，这就是他出门时的装备。每天他都开车到附近的小奥克拉荷马城。他想看到每一个人，也希望每个人看到他。他是一个友善的老人，当他开车经过城镇时，会把车一下子开到左边，一下子开到右边，来跟他所遇见的每个人说话。有趣的是，他从未撞过人，也从未伤害人。理由很简单，在那大汽车正前方，是两匹马拉着。

当地的技师说，那辆汽车一点毛病也没有，只是这位老印第安人永远学不会插入钥匙去开动引擎。他也不明白引擎能带动汽车内部一百匹马力。

现在有许多人，都以为自己这辆汽车只有两匹马力而已。

现在的科学表明，一个人的一生，所开发使用的能力最多也只是其本身所拥有潜力的百分之二到百分之五。不是我们笨，而是我们要学会“插入钥匙去开动引擎”，调动我们内在的能力。有人说人类最大的悲剧，是天然资源的巨大浪费。其实，最大的悲剧，是人力资源的巨大浪费。

“只有想不到的事，没有做不到的事。”人的潜力是无穷尽的，关键是你要相信这个科学事实，并以毫不怀疑的口气每天对自己说：“成功一定属于我”，并且学会“欣赏自己”。

二、思变的乞丐
（改变观念）

两个人在森林里，遇到了一只大老虎。A就赶紧从背后取下一双更轻便的运动鞋换上。B急死了，骂道：“你干嘛呢，再换鞋也跑不过老虎啊！”

A说：“我只要跑得比你快就好了。”

一个人去买鹦鹉，看到一只鹦鹉前标着：此鹦鹉会两门语言，售价200元。另一只鹦鹉前则标道：此鹦鹉会四门语言，售价400元。该买哪只呢？两只都毛色光鲜，非常灵活可爱。这人转啊转，拿不定主意。结果突然发现一只老鹦鹉，毛色暗淡散乱，标价800元。这人赶紧将老板叫来，问道：“这只鹦鹉是不是会说八门语言？”

店主说：不。这人奇怪了：那为什么又老又不会几种语言，能值这个数呢？店主回答：因为另外两只鹦鹉都叫这只鹦鹉“老板”。

这故事告诉我们，真正的老板，不一定自己能力有多强。只要懂信任，懂放权，懂珍惜，懂得团结比自己更强的力量，并以此来提升自己的身价。

思维一变天地宽。

很久很久以前，一个乞丐讨饭的时候遭到一条狗的攻击，这令他惊惧不已，再次去讨饭的时候，他便捡了一个石块放在身上。

不幸的是，这次他遭到了两条狗的攻击。他虽然有一个石块护身，还是被狗咬了。下次讨饭的时候，他便揣了两个石块放在身上，可是这次他遭到了三条狗的攻击。再次讨饭的时候，他索性揣了四个石块在身上，这次他却遭到了群狗的攻击，因而依然是被狗咬了。最后，为了有效地对付狗的攻击，他不得不背着一篓子石块去讨饭。

终于有一天，这个乞丐大着胆子放下石块，拿起棍子还击。结果令他大吃一惊，三下两下就将狗打散了。

一条棍子胜过了无数的石块，思维一变天地宽。沿着一条思维发展下去，不仅不能解脱，常常会被束缚得更紧，包袱也越背越重。当人被传统的东西压得喘不过气来的时候，也许应该大着胆子去扔掉“石块”，拿起“棍子”。

观念是转变人生的基础和起点。试想：一个人连想都不敢想，他能得到什么吗？能付诸于行动吗？给他机会，他能抓住吗？观念不变，你不会变；观念变，你也变。观念识别机会，选择决定命运，努力改变生活。

我们之所以不是富人的后代，是因为我们的长辈从来也没有想过如何成为富人。

我们现在不是富人的后代，但我们可以成为富人的祖先。

有一个佛经故事，讲的是一个寒冷的冬天夜晚，一位小和尚在寒风中即将冻僵，于是他搬下一尊木制佛像，砍了佛像来烧火取暖煮食，保住了性命。师弟吓坏了，说："师兄，你平时那么虔诚拜佛、敬佛，为何今日冒天下之大不韪，对佛如此不敬?"

师兄平静地说："佛最讲本真、自然，最忌执著表面形式。渴了喝水，困了睡觉，饿了要吃才能保命。这都是最真实、自然、最急需解决的事。拜佛修炼是修心态领悟佛的智慧，而佛恰恰最讲究随机。所谓'契机'，就是具体分析处理问题，不执著僵死于某种教条和形式。此时此地我这样做，才正好符合佛的本意啊！要是束缚于佛像这个表面形式，宁愿让人饿死、冻死，那恰恰才是歪曲了佛意。"

这个故事有很多禅意。佛像要敬好，并且通常是一定要保护的。但在特殊情况下，敢于打破旧有观念者，便是智者。

当我们对人自身的潜力有了充分的认识后，同时也更能认识到思维是无限的，没有时间和框框限制，在此基础上，要创造什么样的人生都是可能的。

要改变你的生活，必须先打破常规，改变你的思维。而改变思维的能力，是上天和父母给予我们的，是与生俱来的，是任何力量都夺不走，任何东西都无法替代的。关键是，我们要认识到我们思维的独特性与创新性。中国宋代著名的哲学家张载曾说"义理有疑则濯去旧见，以来新意"，就是告诉我们要去掉成见，注重思维的创新性。注意到思维的创新性，就要改变你的观念，对自己进行重新认识。

何谓“创新”?

请问，白雪下面是什么?

“白雪下面是地，是水，是泥土!”

只有一个人说：“白雪下面是春天!”

这就是创新。

创新是一个人创造力的表现，创造力是最珍贵的财富。如果你有这种能力，就能把握事业成功的最佳时机，从而创造奇迹。创新思维具有几个明显的特点：1. 具有独创性；2. 机动灵活；3. 有风险意识。创新思维无论取得什么样的成果，都具有重要的认识论和方法论的意义，即便结果不如意，也会向人们提供以后少走弯路的教训。常规性思维虽然看起来“稳妥”，但它的根本缺陷是不能为人们提供新的启示。创新必胜，保守必败。谈到创新，就要对人们脑子中根深蒂固的观念进行改造。

某王出了一个画题，叫“深山藏古寺”。很多画家都是按常规模式，画了一座高山，一片森林，里面隐约藏有一个古寺的楼顶和一堵围墙。惟独有个画家，没有浓抹重彩去画山，也没有用一笔去描绘寺庙。他画的是：山脚小溪旁边，一个小和尚在挑水。

这就是超越常规的思维模式，让人们有想像的空间，有和尚就有寺庙，深山藏古寺。

改变观念讲创新，创新讲出奇制胜。

当我们做一笔生意的时候，总是希望能够得到对方的合作，一帆风顺地将事情办妥。但是，我们往往很少有这样的幸运。要想成就一桩生意，免不了要经过很多周折，遇到很多麻烦。因为别人的想法总与我们不同。在我们抱怨别人不配合的同时，别人也在抱怨我们不讲道理，不理解他们的苦衷……

事实上，从各自的立场观念出发，也许大家都没有错，只不过是各自所处的角度不同、认识不同罢了。但这也并不是说双方之间就没有回旋的余地，无法改变这个局面了，如果我们能适当改变一下策略和思维方式，或许我们的事情就好办得多了。

朋友给我讲了这个中国推销员的故事：

有一位在威海专门负责推销装帧图案的业务员，他在向一家公司推销装帧图案时，几乎每个星期都要到这家公司跑一次，甚至几次，一跑就是一年多，这家公司却还是没有能够与他达成交易。这家公司的主管人员总是先看看草图，然后充满遗憾地告诉他："你的图案缺乏创新，我看还是不能用，对不起……"

当时他几乎没有勇气再登这家公司的大门了。然而一个偶然的机会，他读到了一本如何影响他人行为的心理学方面的书籍，深受启迪，他便决定采用一种新的方法试试。

这次他带着未完成的草图，再去叩见那位公司的主管人员。一见到那位主管人员，他便恳切地要求道："老板，我想麻烦你帮我个忙，你看，我这里有一些未完成的草图，希望您能从百忙中抽空给我指点一下，以便让我们能根据您的意见把这些装帧图案修改完成。"这位主管人员答应看一看。几天后，他又回去见那位主管人员，并已根据他的意见，把装帧图案修改完成。结果，这批装帧图案最后全部推销给了这家公司。

自此之后，他又用同样的方法顺利而成功地推销了许多装帧图案，自己因此获得了丰厚的报酬。

在谈到他的成功经验时他说："现在我明白了以前一直无法成功的原因，因为我强迫别人顺应自己的想法。现在不同了，我请他们提供意见，然后再根据他们的意见将装帧图案修改完成，这样，他们就觉得自己参与创造设计了那些装帧图案。如此，即使我不去推销，他们也会自动来购买的。"

我们应该明白，如果要想取得别人相应的合作，最好的办法不是去乞求别人的帮助，而是改变一下常规思维，设法让别人参与到我们所做的事情中来，使他们有一个全方位展示自己的机会，让他们认识到，那结论是他们自己下的，成功是他们努力争取的结果，从而满足了他们的参与心理，满足了他们的成就感。

文化是有象征性的，以娱乐方式作为一个象征也许能说明问题。美国的商业文化有点像"桥牌文化"，讲究合作，如果我跟你合作，就一定默契地将对手打倒；如果游戏规则变了，我得跟原来的对手之一合作，另两个人合作，我将不会受以前搭档的影响，与新伙伴默契地将新对手打倒。而日本则有点像"围棋文化"，是自己人抱团，直到把对手围死为止。

有一座名寺，它没有门，没有围墙，但有金碧辉煌的宝殿，有满腹经纶的僧众，甚至有珍贵的舍利子，有能懂人语的千年灵龟。但是，它没有门，没有围墙。

这座寺的标志是一座牌坊式的镌刻着寺名的建筑。熙熙攘攘的香客们都觉得很奇怪：他们在这座建筑旁走过来，走过去，却不知道自己究竟是在走进寺院，还是在走出寺院。更有甚者，许多香客在宝殿中的佛像前磕过头，求过签。但当他们回到家后，却都不知道自己究竟进入过那座寺没有。因为，那座寺没有门，没有围墙。没有门，究竟怎样才算进入呢？没有围墙，究竟怎样才算出来呢？

世上本没有门，没有围墙，却有一群终日思考着如何进入它或是走出它的人……如果我们心中没有了门，也就在无形中跨越了这道门。有时改变一下常规的观念，就会“柳暗花明”。

又比如说，人们通常认为生活应该是公平的，其实这种期望是错误的，只能带给人一辈子的痛苦。生活是不公平的，也不可能是公平的。希望生活对每个人是公平的这种心理，就像在打牌的时候，希望每个人抽到的牌是完全一样的心理。那是不可能的，也是不合理的要求。人类独到的地方，就是不管手上拿到什么样的牌，人都可以决定怎么支配、怎么设计、怎么打。

下面和大家分享一首小诗，题目叫《再完美的计划也时常遭遇不测》：

生活并不是笔直通畅的走廊，
让我们轻松自在地在其中旅行，
生活是一座迷宫，
我们必须从中找到自己的出路，
我们时常会陷入迷茫，
在死胡同中搜寻。
但如果我们始终深信不疑，
有扇门就会向我们打开，
它也许不是我们曾经想到的那一扇门，
但我们最终将会发现，

它是一扇有益之门。

这是由美国著名作家斯宾塞·约翰逊写的曾被誉为“世界第一畅销书”——《谁动了我的奶酪》的《序言》。这段《序言》和它全书的主旨一样告诉我们：我们每个人的内心都有自己想要的“奶酪”，我们追寻它，想要得到它，因为我们相信，它会带给我们幸福和快乐。然而，物极必反，一旦我们得到了自己梦寐以求的奶酪，就会对它产生了依赖心理，甚至成为其附庸；这时如果我们忽然失去了它，或者它被人拿走了，我们就会因此而受到极大的伤害。

人需要的是：有勇气，去改变我们能改变的事情；有平静的心态和气度，去接受我们不能改变的事情；有足够的智慧，能辨别什么是能改变的，什么是不能够改变的。

我们周围的世界不会完全公正，不可能给你充分的现成的自由和幸福。你可能不喜欢你的老板，或很不喜欢你身边的某些人、某些事，但这些外界的人和物不会因为你的不喜欢而改变；唯一能改变的，只有你自己，你的心情和态度。

你能改变自己，能改变你的态度、你的思想、你的行为方式。是否改变，是由你自己决定的。

你能改变你的思维，你能改变你的认知，你能控制你的情绪，你能改善你的性格，而这些恰恰是成功所应必备的因素，只要你相信你自己。

真的，你无力改变世界，但你能改变你自己。

你可能贫穷，你可能满腹牢骚，你可能处处碰壁，但千万别再怨天尤人，你要相信一切都是可以改变的。

日本素有“推销之神”荣誉的原一平，曾经连续 15 年获得全国速销界的冠军，因此他的精神和成就实在值得每一个人效法和学习。但未见原一平庐山真面目的人并不知道，其实他其貌不扬，而且身高只有154厘米，以外表而言，他并不具备成功的良好形象，那么他为什么又受到大家的欢迎呢?

原来，刚开始推销保险的时候，他也为身材矮小而烦恼，有一次他的上司告诉他：身材矮小是天生注定的，没有办法改变，惟一可以克服的方法就是坦然地面对它、接受它，然后想办法在别的方面弥补过来。“呃，比如说培养幽默感，强化戏剧性的表演啦。”当他想通了的时候，他就不再有自卑感，嗬，他还哈哈大笑地拉近了彼此间的距离，使得对方不但不再排斥、怀疑他，反而能很快地接受他，喜欢他，然后就很自然地向他买保险。这一点就是他成功的法宝。

有一种鱼叫狗鱼。狗鱼很富有攻击性，喜欢攻击一些小鱼。科学家们做了这样一个实验：把狗鱼和小鱼放在同一个玻璃缸里，在两者中间隔上一层透明玻璃。狗鱼一开始就试图攻击小鱼，但是每次都撞在玻璃上。慢慢地，它放弃了攻击。后来，实验人员拿走了中间的玻璃，这时狗鱼仍没有攻击小鱼的行为，这个现象称作“狗鱼综合症”。

狗鱼综合症的特点：

——对差别视而不见；
——自以为无所不知；
——滥用经验；
——墨守成规；
——拒绝考虑其他的可能性；
——缺乏在压力下采取行动的能力。

当然，每个人都有一个固定的思维定势，只不过是思维的方法不同而已。固定的思维方式容易产生偏见，这种偏见带有强烈的个人色彩。它容易把人的思维引入歧途，也会给生活与事业带来消极影响。固定的思维方式多源于人格的缺陷、思维的僵化。

不要怕尝试，在工作中磨练自己，并找到机会。付出即是投资，未必只在金钱。好人缘也是一笔很大的无形资产。小生意是做事，大生意是做人和资本运作。唯一的不变就是变，以变制变。如果没机会，那就去创造机会吧。就业不如创业，改变思维就会改变一生。

要改变这种思维定势，需要我们改变观念，也就是不断学习知识，并随着事情的发展不断调整、改变自己的行动。一成不变的观念将会带来毫无生机的局面。不善于改变思维，就根本不可能找到成功的路径。因为思维是改变自己的内在基础，只要运用头脑，积极思考，你就能够在社会中发现机会，创造机会，改变自己的生活，实现人生目标。

思维决定一个人的人生路径。不同的人，会选择不同的思维。不同的思维，带领他们走向不同的人生道路。

三、穷弟弟成了银行家
（改变心态）

在动物园里的小骆驼问妈妈：“妈妈，妈妈，为什么我们的睫毛那么地长？”骆驼妈妈说：“当风沙来的时候，长长的睫毛可以让我们在风暴中都能看得到方向。”

小骆驼又问：“妈妈，妈妈，为什么我们的背那么驼，丑死了！”

骆驼妈妈说：“这个叫驼峰，可以帮我们储存大量的水和养分，让我们能在沙漠里耐受十几天的无水无食条件。”

小骆驼又问：“妈妈，妈妈，为什么我们的脚掌那么厚？”

骆驼妈妈说：“那可以让我们重重的身子不至于陷在软软的沙子里，便于长途跋涉啊。”

小骆驼高兴坏了：“哇，原来我们这么有用啊！可是妈妈，为什么我们还在动物园里，不去沙漠远足呢？”

问得太好了！

天生我材必有用，可惜现在没人用。人的潜能是无限的，关键是要找到一个能充分发挥潜能的舞台。

一次，一位智者去拜访高僧。这位智者听说高僧非常聪慧，便有意给他一点难堪，考验考验他，就问高僧：“师傅，你看我像什么？”

“施主像一块美玉。”高僧答道。

“可是我看你像一堆牛粪。”智者挑衅道。

可是高僧一点都没有生气，叫徒儿拿来一面镜子，意味深长地说：“我们每个人看到的事物，其实就是自己内心的写照。”

我们每个人的心中都有一面镜子，我们看到的事物，其实就是我们内心的写照。这个故事提醒我们：“要改善心智模式，必须学会将镜子转向自己。”要改变现状，就得首先改善自己；要改善自己，首先就要转变自己的心态。

为什么有些人就是比其他的人更成功，赚更多的钱，拥有好的工作，良好的人际关系，健康的身体，整天快快乐乐？而许多人忙忙碌碌地劳作却只能维持生计？其实，人与人之间并没有多大的区别。不少心理学专家发现，这个秘密就是人的“心态”。一位哲人说：“你的心态就是你真正的主人。”一位伟人说：“要么你去驾驭生命，要么是生命驾驭你。你的心态决定谁是坐骑，谁是骑师。”

大概是40年前，福建某贫穷的乡村里，住了兄弟两人。他们抵受不了穷困的环境，便决定离开家乡，到海外去谋发展。大哥好像幸运些，被奴隶主卖到了富庶的美国旧金山，弟弟被卖到比中国更穷困的菲律宾。

40年后，兄弟俩又幸运地聚在一起。今日的他们，已今非昔比了。做哥哥的，当了旧金山的侨领，拥有两间餐馆，两间洗衣店和一间杂货铺，而且子孙满堂，有的承继衣钵，又有的成为杰出的工程师或电脑工程师等科技专业人才。

弟弟呢？居然成了一位享誉世界的银行家，拥有东南亚相当分量的山林、橡胶园和银行。经过几十年的努力，他们可以说都成功了。但为什么兄弟两人在事业上的成就，却有如此的差别呢？

兄弟聚头，不免谈谈分别以来的遭遇。哥哥说，我们中国人到白人的社会，既然没有什么特别的才干，惟有用一双手煮饭给白人吃，为他们洗衣服。总之，白人不肯做的工作，我们华人统统顶上了，生活是没有问题的，但事业却不敢奢望了。例如我的子孙，书虽然读得不少，也不敢妄想，惟有安安分分地去担当一些中层的技术性工作来谋生。

看见弟弟这般成功，做哥哥的，不免羡慕。弟弟却说，幸运是没有的。初来菲律宾的时候，做些低贱的工作，但发现当地的人有些是比较愚蠢和懒惰的，于是便顶下他们放弃的事业，慢慢地不断收购和扩张，生意便逐渐做大了。

这便是海外华人的真实的奋斗历史。它告诉我们：影响我们人生的绝不仅仅是环境，心态控制了个人的行动和思想。同时，心态也决定了自己的视野、事业和成就。

一个人能否成功，就看他的态度了。成功人士与失败之间的差别是：成功人士始终用最积极的思考、最乐观的精神来支配和控制自己的人生。良好的思维方式可以让你拥有正确的处世态度，而这种态度正是个人事业成功的关键。态度其实是一切，它是你每天对生活所作的回应。管理专家指出：态度令人们成功。每个人都会经历各种艰难，然而乐天的积极态度让他们重新崛起。

一个小个子学生，参加学校的田径比赛。田径比赛的选手，每个人都比他高，有个爱开玩笑的人对他说："小朋友，在这些大个子中间穿梭，你一定会迷路吧！"

小个子学生回答说："我就像一个小金牌，混在一大堆铜牌里。"

比赛结束后，小个子学生真的获得了田径比赛的金牌。

别人看轻你，不过是看的角度不同，而你自己看轻自己，就是自我放弃。"最可怜的人"不是别人给的，而是自己封的。

你知道吗，据科学研究表明，每个人每天都可能产生5万个想法，其中每一个都会影响你的细胞，这也是态度会影响你的最为直接的原因。如果你带着积极的期望，你就会表现出坚毅的决断，决断英明且富有创造性；如果你带着消极的期望，在处理问题时，你就会表现出乏力、软弱、缺少突破，因为这时你的情绪也非常的脆弱且缺乏安全感。

因此必须学会正确处理头脑中的想法，学会用一种有益而不会碍你生活的方式思维。

选择你自己的态度。你应该确定什么态度是你所希望拥有的。态度决定一个人发挥其潜势的程度。

选择了一种特定的态度，也就是建立了你自己未来的位置。因此你必须知道你现在的位置，明确自己有哪些思想及情感上的问题，然后选定合适的目标来改变已定的态度。

心态在佛教里叫修行，就是修正自己的言行和德行。无论看什么，干什么，心态一定要正。人生运动的规则是：思维变—心态变—态度变—行动变—习惯变—人格变—命运变—人生变。

观念的改变与心态的改变是互动的。积极的心态，才能看到和欣赏生活中的蓝天白云。

也许你常常会这样想：我想实现心中的梦想，想成功，想成为别人羡慕的对象，想成为生活的主角而不是观众，想获得决定命运的力量。那你同时也要问：我现在的学识、能力、性格、想法和我的梦想匹配吗？如果真有某一个公司的老总现在让位于我，我能够立即胜任吗？

对于你的理想，你还没有与之匹配的想法、观念和能力，你又怎么可能达到你的目的，实现你的愿望呢？

也许你又要问了，难道我就这样过一辈子吗？眼看着梦想一点点泯灭而又不能做任何努力吗？

决不能这样想。现在，你所要做的最重要的事就是：改变你自己，改变你的心态！

人到底是用什么来衡量自己是否成功？这关涉到心态的正确与否。我们不应跟别人比。充实的人生应该是和自己的潜力相比，跟自己的天赋和能力比。

你要这样想，当我挣到100万时，我应该很满足。但如果我的潜力是1000万，那我远远没有实现这个目标，我还是失败的。另一个人的潜力只能挣到50万，他挣到了50万，那么他是就是成功的。

所以，人要开发出自己最大的潜能，而不是用别人的尺度来衡量自己。

快乐与忧愁，富有与贫穷，自信与自卑，幸与不幸，其实都是一体两面的。幸福从不依赖于你是谁，或你有什么，关键在于你自己怎样去想，你拥有什么样的心态。

巴拉昂去世后，留下“穷人最缺少的是什么”的秘诀，并以100万法郎作为奖金，让大家来竞猜。在48561封来信中，有一位叫蒂勒的九岁小姑娘猜对了巴拉昂的秘诀。她和巴拉昂都认为穷人最缺少的是野心。野心是永恒的特效药，是所有奇迹的萌发点，某些人之所以贫穷，大多是因为他们有一种无可救药的弱点，即缺乏野心。

一个人贫穷，主要是脑袋贫穷。想过富有的生活，要先有富有的思想。脑袋富有，口袋才可能富有。拥有富有的思想，就能远离贫穷……为什么这个世界有人月收入比你高一百倍、一千倍、一万倍？难道他们比你聪明一百倍？一千倍？一万倍？

面对岁月匆匆，若心灵选择了黑夜，那你就会整日感到人世的沧桑，世态的黯淡，和对死亡的恐惧；若选择了对生命的珍爱，你就会感到大地的亮丽，人间的真情。你会明了生老病死是自然的法则，你会领悟到生命的真谛，用充满爱的心灵去善待身边的一切。

面对人生旅途的坎坷，积极的心态可将上天的不公、困难，曲折的安排，当做历练自己意志的宝贵课堂，并将之变成滋润自己生命之根的沃土。

曾在创业阶段屡遭困难的一位企业家表示，当初他所遭遇到的难题，其中有很多只是小小的困难，却往往会发展成似乎已无法克服的障碍。后来他发现，原来自己存有失败主义者的意识，往往疏于察觉造成障碍的真相，而障碍却并没有想像的那般严重。他最后在公司的办公桌上摆了一个箱子，然后将写有“保持积极心态，一切都有可能”的标志贴于箱上。每当发生难题，或者他的失败主义思想又开始作祟时，他便把有关该题的文件或书面资料投掷于此箱中。一两天后，再把这些文件取出。此时奇妙的事情发生了。据他形容：“当我从箱中取出这些文件时，这些难题看来并没有什么难的。”

你的思想决定于你的心态是积极的，还是消极的。你可以把你的法宝从“消极心态”那面翻到“积极心态”那面，从而排除心理蛛网——消极的感情、情绪、酷爱、倾向、偏见、教条、习惯。当你误解别人的问题时，你必须首先从检查自己开始。很多时候，一个词就可以引起争论，造成误会，产生苦恼。带有“积极心态”的词，同带有“消极心态”的词会带来相反的效果。

人的心理具有某种神秘的力量，要敢于探索你的心理力量。人的心理有两部分：有意识心理和下意识心理，二者相伴相随。“自觉的自动暗示”和“暗示”是同义语。它自动从下意识心理把信息发送到有意识心理，并发送到身体的若干部分。比如“我各方面的情况都日益好转！”这句话，你如多次、迅速和有感情地重复这句自我暗示语句，就会影响下意识心理，并使它发生反应。你能用健康的、积极的暗示来帮助你自己。你也能制止有害的、消极的暗示。学会使用适当的暗示去影响别人，学会应用正确的有意识的自动暗示。做到了这两点，你就能在生理、心理和道德上获得健康、幸福和成功。

记得有这样一则寓言故事：一次下过大雨之后，一只蜘蛛拼命地向自己破碎的网爬去，可由于被淋过的泥墙太滑，它一次又一次地摔了下去……当一位贫困潦倒精神低落的过路人看到时，叹了一口气自言自语，“我的一生正像这只蜘蛛，忙忙碌碌而一事无成”，日后他更是日渐消沉。而当另一位刚刚破产，正不知所措的商人看到时，他却被蜘蛛屡败屡战的精神感动了。于是成功的心态驱动他再度奋起，后来又成为一个成功的商人。

成功的心态，是注定要造就成功的。

在一次时间管理课上，教授在桌子上放了一个装水的罐子。

然后又从桌子下面拿出一些正好可以从罐口放进罐子里的鹅卵石。

当教授把石块放完后问他的学生道：“你们说这罐子是不是满的？”

“是！”所有的学生异口同声地回答说。

“真的吗？”教授笑着问。然后又从桌底下拿出一袋碎石子，把碎石子从罐口倒下去，摇一摇，再加一些，再问学生：“你们说，这罐子现在是不是满的？”这回他的学生不敢回答得太快。

最后班上有位学生怯生生地细声回答道：“也许没满。”

“很好！”教授说完后，又从桌下拿出一袋沙子，慢慢地倒进罐子里。

倒完后，于是再问班上的学生："现在你们再告诉我，这个罐子是满的呢？还是没满？"

"没有满，"全班同学这下学乖了，大家很有信心地回答说。

"好极了！"教授再一次称赞这些可教的孺子们。

称赞完了后，教授从桌底下拿出一大瓶水，把水倒在看起来已经被鹅卵石、小碎石、沙子填满了的罐子。

当这些事都做完之后，教授正色问他班上的同学："我们从上面这些事情得到什么重要的信息？"

班上一阵沉默，然后一位自以为聪明的学生回答说："无论我们的工作多忙，行程排得多满，如果再逼一下的话，还是可以多做些事的。"

这位学生回答完后心中很得意地想："这门课到底讲的是时间管理啊！"

教授听到这样的回答后，点了点头，微笑道："答案不错，但并不是我要告诉你们的重要信息。"说到这里，这位教授故意停顿，用眼睛向全班同学扫了一遍说："我想告诉各位最重要的信息是，如果你不先将大的"鹅卵石"放进罐子里去，你也许以后永远没机会把它们再放进去了。各位有没有想过，什么是你生命中的鹅卵石？"

什么是我们生命中的"鹅卵石"？是和我们心爱的人常相厮守？是我们的信仰？教育？理想？财富？快乐？价值？做人的准则？为下一代留一些值得的回忆？

也许在今晚上床之前，或一个人安静的时候，我们都该想想"什么是我生命中的鹅卵石"这个问题。现在的教育，往往只是教我们怎么把书读好、进好学校，但很少教我们怎么去做一个真正快乐的人、过一个有价值的人生、怎样拥有积极健康的心态。

有一个人想学医，可是又犹豫不决，就去问他的一个朋友，“学成要四年，那时我就44岁了，能行吗？”朋友说：“怎么不行呢？你不学医，再过四年，你也是44岁啊！”他想了想，瞬间领悟了，第二天就去学校报名了。

又有一个人，几年前跟随人合伙做生意，运货船突遇风浪，翻沉了他们所有的财产，梦想也随之坠入海底。他经不起这个打击，从此变得萎靡不振，神思恍惚。当他看到另一个跟他一起遇变故的人居然活得有滋有味时，就去问他，那人对他说：“你咒骂、伤心，日子一天天地过去；你快活、欢乐，日子也一天天地过去，你选择哪一种呢？”

有一首诗写道：你知道，你爱惜，花儿努力地开；你不识，你厌恶，花儿努力地开。是的，花儿总是在努力地开，美好的日子也一天天地流逝。你是笑着面对生活，还是痛苦地挨过每一日？

美国一位著名的钢琴演奏家杰弗瑞，很有天分，每一个音符经他弹出来，都均犹如天籁般的旋律，但是当他演奏到达巅峰之际，他却突然不弹了。原因是他极端恐惧自己无法突破，因而从巅峰之顶掉落了下来。他的自我价值已被“完美”所束缚住了，无法挣扎出来。

澳大利亚作家兹华克不擅长演讲，一次他应邀去演讲，听众里有人在看手表，他以为可能是自己讲得不好，于是就开始显得口吃了。过了一会儿，又看到另外一位听众把手表放在耳朵旁边，好像在听手表停了没有。他更是信心尽失，变得张口结舌。从此以后，他患了演讲恐惧症，终生不再演讲。

人就是这样，当你以一种豁达、乐观向上的心态去构筑未来时，眼前就会呈现出一片光明。反之，当人将思维囿于忧伤的樊笼里，未来就变得黯淡无光了。长此下去，你不仅会将起码的信念和拼搏的勇气泯灭，还会失去身边纯真的欢乐。

要永远把注意力放在使你奋发的情绪上。

什么是不当的心态呢？就是该做而不做，不该做而去做。

改变心态，还包括学会休闲自己的心灵。心灵的全面发展需要松弛和休闲，休闲不再是逃避工作的一种方式。现代社会里，休闲已不简单地意味着工作后的调剂，它是对自我发展的积极追求，它是有价值的学习活动。如今的人们已不满足于在休闲时仅仅充当一名观众，他们要亲自动手、要听、要参与，这是他们对学习的需要。在休闲时增加一层认知层次，休闲就会变得更有意义，更兴趣盎然。

因此，一些传统的大博物馆都尝试用“亲自动手”的方式来提高人们的兴趣，新兴的“未来主题公园”更是向这个方向努力的结果。边休闲边学习的新手段提醒我们，学习和发展不单单是年轻人的事，人生到了晚年，也可以继续发展，既学到新知识，不会落伍，又能保持身心健康。只要客观条件允许，老年人在学习、记忆和认识能力方面完全能和年轻人做得一样好。我们过去把发展仅仅看做是一个经济学的概念，实际上，它是一种社会价值，体现为人的学习、休闲和健康。

人的成长过程，就是一个人的人格不断完善的过程。积极健康的心态，会引导你迈向成功；坚韧不拔的毅力、百折不挠的意志以及荣辱不惊的心理素质对于成就事业是至关重要的。心理学家、教育家

William James 说："我们这一代人的最重大发现是：人能改变心态，从而改变自己的一生。"

平时应经常暗示自己：工作不是为了老板，为了工资，是为了提升自己的核心竞争力。

倡导创新精神。未来的世界属于不断创新的人。

人生最为可怕的一件事，就是"把错事做得很正确"。人都有惰性，喜欢按照惯性进行思维。知识的更新日新月异，我们要在工作中善于创新，学会改变思维模式，博览群书。有一名广告语说得很好："人因思而变"，变则通，通则达。

我们应该记住：如今世界，惟一不变的就是变化；训练自己敢于不断创新的心理素质，如自信、适度冒险、求异、好奇等。

四、亚洲首富的故事（勇于梦想）

亚洲首富孙正义在 23 岁的时候，得了肝病，整整住了两年的医院。在两年当中，他阅读了 4000 本书籍，平均一天阅读 5 本书籍。

孙正义在读完了 4000 本书籍之后，他根据自己读书的心得写了从事 40 种行业的发展计划。

他终于明白了自己多年百思不得其解的困惑——要成为世界首富，就必须从事最新兴、最具发展潜力的行业。

一出院，他就以坚定的信念，决定进军电脑行业，并从这 4000 多本书中总结出了一套与众不同的创业方案。

于是，孙正义创立了他的公司，这时他的员工只有两个。

公司开业那天，孙正义站在公司装苹果的水果箱上面，跟他的两个员工说："我叫孙正义，在25年之后，我将成为世界首富，我的公司营业额将超过一百兆日币！"

那两个人听了之后，立刻辞职不干了，他们都以为老板疯了。

后来，孙正义真的验证了他苹果箱上的誓言，成为亚洲首富，而且正在向世界首富比尔·盖茨发起挑战。

梦想的基本概念是：某一时期人们潜意识当中，最想要、最想得到的东西。试想：一个人连想都不敢想，他能迈出那一步吗？能付诸于行动吗？给他机会，他能抓住吗？

有一个台湾的学生去美国念大学，到了那里知道大学中有个"V"字的故事：V＝Valedictorian，是指在毕业典礼的大会上发表告别演讲的优秀毕业生代表，代表只有一个。作为优秀毕业生代表，发表告别演讲，是一种令人向往、深受感召的景象。他被这个远景所激励，他做了一个金属的"V"字，钉在了自己宿舍的门上，用以鼓励自己。

整整四年的大学生活，不论他搬到哪里，他都把"V"字钉在自己宿舍门上，激励自己。他这一举动引起了全校师生的注意，可是大家都无法猜透他的本意。经过四年的奋发努力，他终于在大学毕业时，以优异成绩成为优秀毕业生代表，最终登上了隆重的毕业典礼讲台。

梦想是人生路上的一盏明灯，它不断地在前方向你召唤。要想接近它，你一刻也不能停止前进的步伐，要付出很多，包括牺牲你不想放弃的东西。

何谓"天大地大"，何谓"大气磅礴"？正是理想、希望也。那是一个人的“精”、“气”、“神”。没有它，人就倒了。

大家都听过“夸父逐日”的故事。夸父永不回头地追寻太阳，虽然到死也没有追到，但他却是胜利者。他生命的灿烂和意义已尽在“追日”的过程之中。“理想”、“梦想”、“乌托邦”为何有价值？并不在于它何日能否实现，而在于只有它才能给予人内心驱动的力量。

梦想，是人生命的希望。

梦想是人心中最深切的一种渴望，你走一走看一看，每一座建筑物、每一座购物中心、每一条街道，都曾经是某个人的梦想。梦想是一种潜意识，人的潜意识是一座冰山，90％是在水下。梦想是开创任何事业的原动力。

拿破仑说：“想像统治世界。”爱因斯坦说：“想像是人生的前奏曲。”所有的事情在实现之前都有两次诞生的过程，第一次诞生在脑子里，第二次才是诞生在手里，出现在这个世界上。所以，人要成什么样的人，想有什么样的人生，都会在自己的想像里把它先塑造出来。

一个有钱人，一个高级CEO在达到他的梦想之前，梦想已经在他们的脑海里存在了许多年。只有先想到，然后才能实现。梦想都是这样实现的。

有一天晚上研讨会结束之后，我独自漫步到广场，此时已是夜深人静，广场的四周围绕着美国自建国以来的各式建筑，我不由得端详起来。就在此时，我瞥见一人摇摇晃晃朝我走来。他似乎流浪街头已有多日，浑身都是酒气。

我猜想他一定会走过来乞讨几块钱。果不其然，他迎向我开口道：“先生，能否给我一块钱呢？”起先我有点犹豫，后来还是动了恻隐之心。一块钱实在是微不足道，但我至少可以给他一个指点：“一块钱？你就只要一块钱吗？”他忙不迭地说：“就一块钱。”我把手伸到裤袋里，掏了一块钱给他，同时对他说：“人生能得多少，就看你要求多少。”他听了为之一愣，然后蹒跚离去。

望着他走远的背影，我十分感慨，为何成功的人和失败的人有如此悬殊的差异？我和他都是人，为何我的人生多的是喜悦，多的是顺利；而他，一位60开外的老人，却得露宿街头，靠乞讨为生。难道说是上帝特别恩待我？

我认为我与他之所以不同，答案就在于我对他说的话：“人生能得多少，就看你要求多少。”如果你只想要一块钱，你就只能得到一块钱。如果你梦想充满喜悦和成功的人生，也同样会得到。过去的经验使我深信，如果你知道如何控制自己的心态和行为，勇于梦想，你就会幸福。

世上动物千千万，只有人能按照自己脑子里的形象塑造自己的一生。所以，西方才会有这么一个传说，说上帝是按照自己的形象捏造出人的模样来。人一辈子也都是如此，先在心里捏造自己生活的模样，然后按照设计的模样去实现。如果我们一天到晚在脑子里想像自己是个弱者，清贫潦倒，一事无成，那么最终一定会成为想像中的那个人。

讨论一个问题，“为什么做”和“怎样做”，哪一个更重要？

《三国演义》中的刘、关、张、诸葛等人中，刘备武不及关、张等五虎将，文不及军师诸葛亮，但他知道为什么要做这番事业，就是恢复汉室八百年的基业，最终，他当了皇帝。

《西游记》中的唐僧在遇到九九八十一难时，从来没有退缩过，坚持西行，因为西方有他想要的经书，而神通广大的三个徒弟都曾发生过动摇，最后还是唐僧把三个妖精变成了三尊神佛。

上述事例说明，知道“为什么做”的人，是领导者，是领导那些知道“怎样做”的人。一个国家、一个民族因为有梦想而伟大，因为没有梦想而渺小。中国几千年的历史中，昌盛的朝代都是充满梦想的时代，如唐朝。衰竭的时代一定是缺梦的时代，例如清朝后期。有梦想的人不一定能成功，但无梦想的人一定不能成功。

梦想分三个层次：高、中、低。衡量梦想大小的标准应是：受益于个人的是小梦想，受益于家人、亲人和朋友的是中层梦想，受益于天下的是大梦想。

从今天开始，去挖掘你自己的梦想，不要怕把你的梦想告诉别人，不要怕把自己的梦想讲出去感染和影响别人。应学会用自己的梦想点燃别人的梦想，学会播种梦想。

不要让别人偷走你的梦想，每一个人生下来都是有梦想的。一根竹竿可以当马骑，为什么长大后梦想就没有了呢？再这里，家长很关键。你要踢足球当球星，他们说你身体不行，怕摔着碰着，你就不踢了；你说我要当歌唱家，他们说瞧你那破嗓子，你就不唱了；上学时老师只考记忆，你的创造力也就没有了；上班时，老板磨磨你的棱角，你就圆滑了。

有的人，他想成为一粒种子，在别人的心田中插下自信，播下快乐，绽开一朵朵成功的花朵；有的人，他想成为雷达，耳聪目明，航行在市场经济的海洋中，探测最高效的信息；有的人，求索着为人处世奥秘，他想得到一个和谐、愉快、真诚、友爱的人际环境；有的人，他想释放出自己独有的创造潜能，在迷人的智慧天穹，描绘灿烂星空；有的人，他想得到明察秋毫的透镜，力图在茫茫人海中巧识假面，善得真心；有的人，他想通过艰苦的创业，一展雄心抱负，拥有自己的事业天地。

有家公司请来大牌美国人力资源专家对公司员工进行培训。

培训一开始，专家先问了十几个参加者一个小问题："你们说，开车人进了加油站最想做的事情是什么？"

"加油。"超过一半的员工这样回答。

从老师略微失望的眼神中，大家看出这个显然不是他所期望的答案，所以补充了"歇会儿"、"买吃的"等几个答案，甚至"上洗手间"都替人家想到了。

过了不久，专家笑着说："今天我们培训的员工人数不多，不然一定会有人告诉我，开车人进了加油站，最想的，是早一点离开加油站，继续他的旅程，不管是去工作还是休闲。"

专家见大家茫然，又解释道："每个人做事情都有具体的目的，而这个目的又应该是从属于存在于内心中的一个远大的愿望。"

人活得本来就够累了，又是"目的"，又是"目标"，有必要那么复杂吗？

专家继而解释说："耶鲁大学的科研人员对学校中的学生们做了一项调查，问题就是'你们有目标吗？'结果只有10%的学生确认他们有目标。然后科研人员又问'如果你们有目标，那么你们是否把自己的目标写下来了呢？'这次的回答只有4%的学生是肯定的。20年后，当耶鲁大学的研究人员追访当年参与调查的学生时发现，当年把自己的人生目标写下来的那些人，无论是事业还是生活都远远超过了另外那些没有这样做的同学。就这4%的人所拥有的财富居然超过了96%的人的总和。你们知道那96%没有把人生目标写下来的人一生都在做什么吗？"

大家一片寂静，谁都不愿意轻易开口。这回专家爽快地说出了答案："这些人忙忙碌碌，一辈子都在直接或者间接地、自觉或不自觉地帮助那4%有眼光的人们实现他们的奋斗目标。"

所以有目标才有梦想，明确的目标能加速梦想的实现。梦想是一个方向舵，能够使我们在遭遇混乱或阻力时，继续循着正确的路径前进，即所谓"有梦才有力"。

勇于梦想，就不能把"失败是成功之母"当成一句空话。顺境固然为人们所期盼，但逆境在人生的征途中更常与你结伴。或许你承受不了逆境的困扰、折磨，已经是心灰意冷；或许在唉声叹气中枉度时日；更或许你感到"江郎才尽"的哀鸣。但倘若你志存高远，执着地追求，在寂寞中积累力量，在困境中磨练意志，在奋斗中寻找希望，成功又怎舍得离你而去呢？即使你没有轰轰烈烈的壮举，也会拥有因拼搏而来的喜悦。即使你事业尚无大成，亦可以欣赏你奋斗的历程，同样是一种无憾的财富。

让我告诉你一个人的故事，这个人：

21岁时，做生意失败。

22岁时，角逐州议员落选。

24岁时，做生意再度失败。

26岁时，爱侣去世。

27岁时，一度精神崩溃。

34岁时，角逐联邦众议员落选。

36岁时，角逐联邦众议员再度落选。

45岁时，角逐联邦参议员落选。

47 岁时，提名副总统落选。

49 岁时，角逐联邦参议员再度落选。

52 岁时，当选美国第 36 任总统。

这个人就是著名的美国总统林肯。想一想，如果他在上述任何一次失败面前，心灰意冷，一蹶不振，他有可能成为美国总统而留名青史吗?

有一则关于爱迪生的故事。当他在从事发明电灯的过程中，历经第九千九百九十九次失败后。有人问他："你是否还打算尝试第一万次失败?"爱迪生答道："那不叫作失败，我只是发现了哪些方法做不出电灯来。"

富勒说过："人类的一切学习，都是来自不断错误的经验，也就是从错误中学习。"这句话说得很对，我们的确是从自己的错误中得到经验，有时候是从他人的错误中学习。在此请你回想一下，从你一生中找出五件你认为最大的"失败"，然后问自己能从中学到些什么。相信这些经验一定是你人生中宝贵的财富。

富勒打了一个船舵的比喻。他说当船舵偏转而且固定到一个角度，船就会只是在原地打转。若想抵达目的地，就得回转船舵，不断地调整和修正航向才行。请把这幅画面记在脑海里：一艘船在宁静的海面上航行，舵手不停地做出千百次必须的调整和修正，才得以维持航向，驶向既定目标。这幅美丽的画面，告诉了我们人生成功的方式。

一个商人在翻越一座山时，遭遇了一个拦路抢劫的山匪。商人立即逃跑，但山匪穷追不舍，走投无路时，商人钻进了一个山洞里，山匪也追进山洞里。在洞的深处，商人未能逃过山匪的追逐。黑暗中，他被山匪逮住了，遭到一顿毒打，身上的所有钱财，包括一把准备夜间照明用的火把，都被山匪掳去了，幸好山匪并没有要他的命。之后，两个人各自寻找洞的出口。这山洞极深极黑，且洞中有洞，纵横交错。

山匪将抢来的火把点燃，他能看清脚下的石块，能看清周围的石壁，因而他不会碰壁，不会被石块绊倒。但是，他走来走去，就是走不出这个洞。最终，他力竭而死。商人失去了火把，没有了照明，他在黑暗中摸索行走得十分艰辛，他不时碰壁，不时被石块绊倒，跌得鼻青脸肿。但是，正因为他一直置身于一片黑暗之中，眼睛慢慢适应黑暗，所以他的眼睛能够敏锐地感受到洞里透进来的任何一丝微光，他迎着这缕微光摸索爬行，最终逃出了山洞。

世间大多如此，许多身处黑暗的人，磕磕绊绊，最终走向了成功；而有一些人在顺境中的人，却往往被眼前的光明迷住了前进的方向。

勇者坦然面对失败，纠正路线重新投入。任何人都不可能生活在永不失败的环境中。甚至可以说，你之所以还没有获得成功，恰是因为你失败得还不够。我们不愿意失败，但我们不能畏惧失败，只要处理得当，它就会成为导师，使你对自己的力量和缺陷有所了解，让你吸取教训，站起来，继续前进。

什么东西比石头还硬，或比水还软？然而软水却穿透了硬石，坚持不懈而已。

有个年轻人去微软公司应聘，而该公司并没有刊登过招聘广告。见总经理疑惑不解，年轻人用不太娴熟的英语解释说自己是碰巧路过这里，就贸然进来了。总经理感觉很新鲜，破例让他一试。面试的结果，年轻人表现糟糕。他对总经理的解释是，事先没有准备。总经理以为他不过是找个托词下台阶，就随口应道："等你准备好了再来试吧。"

一周后，年轻人再次走进微软公司的大门，这次他依然没有成功。但比起第一次，他的表现要好得多。而总经理给他的回答仍然同上次一样："等你准备好了再来试。"就这样，这个青年先后5次踏进微软公司的大门，最终被公司录用，成为公司的重点培养对象。

人生最可怕的，就是不敢去梦想。这很大程度上是一种信仰的问题，一种对人生的信仰。在我们对自己的未来失去信心的时候，我们也会同时失去对梦想的坚持。所以，一定要大胆勇敢地去做梦，它是我们创造力和生命力的源泉。

坚持信念，就会拥有一切。信念何以对人生有这么大的影响？事实上它可算是我们人生中追求快乐、避开痛苦的引导力量。当我们人生中发生任何事情时，脑海里便自然会浮现起两个问题：

1. 这件事对我是快乐，还是痛苦（或可说是好，还是坏）？2. 此刻我得采取什么行动，才能避开痛苦和得到快乐，趋吉避凶？这两个问题的答案如何，全看我们所持的是何种信念。信念不是自然生成的，乃是我们从生活经验中累积而形成的，它是我们生活中行动的指针，指出我们人生的方向，决定我们人生的品质。

不要小看信念，它可以让我们辨识出事物的共通性，使我们"有把握"敢去做从未做过的事。若欠缺这种把握感，生活中就有很多事我们不敢去做了。可以说信念能使我们的生活变得简单，让我们敢于尝试。

这种由信念给予我们的把握感，也常常使我们进行“自我设限”。贝尔尼·西格尔博士以几个针对多重人格异常的病例为例，告诉了我们信念的异能。

说起来令人不可思议，当那些患者当自认为是什么样的人时，他的神经系统便会传达一个不容置疑的指令，使他身体的生化机能作出极大的改变。

也就是说他们的身体在研究者的眼前很快地变化成另一种新的个体，例如眼珠子的颜色变了、身上的某些记号消失了或出现某种特征，甚至于因此而有了新角色所应有的糖尿病或高血压等病症！

在人们还十分相信药物的疗效时，信念有时候甚至可以摆脱掉药物对身体所造成的影响。一门关于研究人类身心互动关系的“心理神经免疫学”就证实了数个世纪以来的疑惑：信念对于治病的功效扮演极其重要的角色，有时甚至于比治疗本身还来得重要。

哈佛大学的亨利·毕其尔博士所做的广泛研究，就说明了我们别以为光是药物使病体康复，其实很大部分得归功于病人的信念。

他这项打破传统观念的实验，是以100名医学院学生为对象，共分为两组，每一组各50人。第一组分配了注明“兴奋剂”的红色胶囊，第二组则分配了注明“镇定剂”的蓝色胶囊。可实际上胶囊里面的药粉却调了包，当然并未让学生们知道。

结果两组学生的反应为：吃了红色胶囊的一组，自认为吃了“兴奋剂”而兴奋不已；吃了蓝色胶囊的一组，则自认为吃了“镇定剂”而镇定自若，很平静。

可见，人的信念确实能决定人身体对服用的药物而作出的化学反应。

一场突然而至的沙暴，让一位独自穿行大沙漠的旅行者迷失了方向。更可怕的是，装干粮和水的背包却不见了，翻遍所有的衣袋，他只找到一只泛青的苹果。

他拽着苹果，在大沙漠里寻找出路。整整一个昼夜过去了，他仍然未走出空阔的大漠，饥饿、干渴、疲惫一起涌了上来。望着茫茫无际的沙海，有好几次他都觉得自己快要支撑不住了，可是看一眼手里的苹果，他抿抿干裂的嘴唇，突然又有了力量。

顶着炎炎烈日，他又继续艰难地在沙海里跋涉，摔了数不清的跟头，每一次他都挣扎着爬起来，心中不停地默念着："我还有一个苹果，我还有一个苹果……"

三天后，他终于走出了大沙漠。他手中始终拿着那未咬过一口的苹果，此时已经干巴得不成样子了，他却还宝贝似地久久地凝视它。

在成长的路途中，我们常常会遭受各种挫折和失败，会身陷意料之外的困境。这时，请不要轻易地说"什么都没了"。慢慢人生如沙漠，信念就是那只泛青的苹果。

如果你希望主宰自己的人生，希望自己的梦想成真，那么就必须好好掌握自己的信念。

矢志不移地去追寻自己的梦想，大胆发掘自己与众不同的天资、兴趣和个性，独辟蹊径，标新立异，出奇制胜，把自我的价值发挥到极至。到自己的理想世界中去驰骋，直到梦想成真！最后，让我用已故台湾歌手张雨生的《我的未来不是梦》和大家共勉：

你是不是像我在太阳下低头
流着汗水默默辛苦的工作
你是不是像我就算受了冷漠
也不放弃自己想要的生活
你是不是像我整天忙着追求
追求一种你想不到的温柔
你是不是像我曾经茫然失措
一次一次徘徊在十字街头
因为我不在乎别人怎么说
我从来没有忘记过我对自己的承诺
对爱的执着
我知道我的未来不是梦
我认真地过每一分钟
我的未来不是梦
我的心跟着希望在动
跟着希望在动
人类因有梦想而伟大！

总之，今天讲述这四个方面，是强调改变思维，打破习惯思维的重要性。

人一旦形成了习惯的思维定势，就会习惯地顺着定势来思考问题，很难再转个方向、换个角度想问题，这是一种愚顽的“难治之症”。

不换思路，走不出思维定势，就往往走不出宿命的可悲结局；而一旦走出了思维定势，也就会看到许多别样的人生风景。

因此，从舞剑可以悟到书法之道，从飞鸟的启发中可以造出飞机，从蝙蝠可以联想到电波，从苹果落地可悟出万有引力……换个位置，换个角度，换个思路，面前就是一番新的天地！

第二天
Day II

Who is the winner? ... The person that knows what to do but does not do it, is no better than the person who does not know at all...

鹿死谁手？……真正的动作明星……

《圣经》中有一段带有神秘色彩的诗句："圣主对那坚持不怠的人说，我将会给你一块白色石块，上面将刻有惟有受赐者本人知道的名字。"

人生，便是对那奇异白石的孜孜以求。每个人都将根据自己努力的程度而各有所得。而这一切均靠"主动"，我们必须知道自己的心灵所需。思维，是灵魂的表现；灵魂，是行为的动力。

创造力的培养就是从生活中一点一滴的思维与行为改变开始的。一个有创意的人在面临挫折时：

1. 不坐以待毙；

2. 有应变挑战的心态；

3. 有积极乐观的光明念头；

4. 承受挫折失败压力的能力较高；

5. 会享受解决问题的过程；

6. 会想出事半功倍的方法；

7. 山不转路转，此路不通会再换另一条试试看；

8. 工作生活比较快乐。

巨变的时代中，改变是现代人的必修功课。当我们觉得山穷水尽时，试着去：改变观念、改变习惯、改变思维、改变方法、改变工具、改变行为……这样才有可能激发我们的创意，带来柳暗花明又一村的新希望。

今天要讲的内容是“改变行为”。思维改变了，改变行为其实是自然而然的事情。鹿死谁手？谁是赢家？当然不是那些只梦不动的人，而是那些现实生活中真正的动作明星，是那些立即采取行动的人。

第二天，改变行为。

一、非洲大草原的惊心动魄（定好角色）

有一位表演大师上场前，他的弟子告诉他鞋带松了。大师点头致谢，蹲下来仔细系好。等到弟子转身后，又蹲下来将鞋带解松。有个旁观者看到了这一切，不解地问：“大师，您为什么又要将鞋带解松呢？”大师回答道：“因为我饰演的是一位劳累的旅者，长途跋涉让他的鞋带松开，可以通过这个细节表现他的劳累憔悴。”

“那你为什么不直接告诉你的弟子呢?”

“他能细心地发现我的鞋带松了，并且热心地告诉我，我一定要保护他这种热情的积极性，及时地给他鼓励，至于为什么要将鞋带解开，将来会有更多的机会教他表演，可以下一次再直接告诉他啊……”

但是我认为，他们演戏可以这样。人生这个真正的大舞台，却没有下一次。没有下班后再聊聊的机会。因为人生这出戏，下班就是入馆材。

我是这样看人生的：

人生是一个舞台。但这个舞台没有既定的导演，没有既定的编剧，没有既定的场景。它不许你谢幕，不许你下班，每个人都必须一直不停地演下去，直到最后一口气。在这个大舞台上，每个人都有自己不同的人生坐标，必须发现自己的角色、找准自己的位置。

它和真正的戏剧不同：剧场里舞台上的大厨，卸装下班后，回家可能是他太太做饭。剧场里舞台上有一个司机，两个秘书，前呼后拥的大公司的CEO，卸装下班后，可能一个人冷冷清清骑自行车回家。

但在大个生这个舞台上，如果你不想做大厨，不能等谢幕下班，因为人生这场戏不许谢幕也永不收场。你要换个角色，需要去努力改变自己，变成你想做的那种人；要和别人换角色，更需要给别人充分的理由并证明自己。同样，大排场的CEO要继续当下去，就要一直让大家服气，一直像个CEO的“样”，一直“配当”这个CEO。

曾看过这样一个故事：

静谧的非洲大草原上，夕阳西下。这里，一头狮子在沉思，明天当太阳升起，我要奔跑，以追上跑得最快的羚羊；此时，一只羚羊也在沉思，明天当太阳升起，我要奔跑，以逃脱跑得最快的狮子。

话说这只狮子发现了一只羚羊，追了半天也没追上。别的动物笑话狮子，狮子说："我跑不过是为了一顿晚餐，而羚羊跑却是为了一条命，它当然跑得快了。"

是的，无论你是狮子还是羚羊，当太阳升起的时候，你要做的就是奔跑，尽管有的为晚餐，有的为生命。目的是从来不会失手或错过的，而失手或错过的的原因却总是出在手段上。犹如猎手只瞄准而不射击，士兵只呐喊而不冲锋。最后还是一无所获，并不是目标有问题。

也许你奔跑了一生，也没有达到彼岸；也许你攀登了一生，也没有登上峰顶，但是抵达终点的不一定是勇士；敢失败的，未必不是英雄。不必只关心结局如何。奔跑了，就问心无愧；攀登了，就是成功的人生。

人生之路，无需苛求。只要你奔跑，路就会在你脚下延伸，人的生命就会真正创新，智慧就会得以充分发挥。

生活中，那些所谓的成功者总是被善意地夸张着，好像他一生下来就证明了他是一个不平凡的人。而那些"凡人"却一遍又一遍地演绎着试图证明自己不是凡人的戏剧。一次次相遇的错过，一次次逝去的优越条件，一个个失败……凡人问自己："这难道就是凡人的命吗?""凡人就是凡人，凡人只有凡心。"于是凡人对自己说："何必沮丧呢？我干什么要庸人自扰地看着别人的角色而懊丧呢？这个世界一定有一种角色是适合我的。"凡人渐渐发现，凡人也有成功的时候，一个善意的赞扬，一次深深的感动，一种不菲的收获……都意味着凡人成功。“成功”这个字眼儿并不意味着像爱因斯坦那样闻名于世，像爱迪生那样造福人类世世代代……凡人终于知道：成功，并不一定要出人头地，只要你把握自己，好好地活着，别在烦恼中虚度光阴，你就会发现茫茫人海中，你也是不平凡的一个……

人能奔跑多远？这话不是问双脚而是要问志向；人能跑多快，这也不是要问双脚而是要问素质。你要相信，总有一种角色适合你。角色的定位也是认识自我的过程。发展社会中的个人责任，可以形象地用一谚语来说明：授人以鱼不如授之以渔。

每个人都应学会如何自己下水捕鱼，亲自到开放的市场中去捕获机会，创造一番自己的事业。你不会把工作上的成就看做惟一的成功，家庭生活的快乐、孩子的欢笑有同样的价值。一旦到达这一阶段，就意味着我们开始步入真正的人生旅途了，开始在人生的舞台上真正扮演起适合自己的角色来。

角色的定位对于人生的成功尤为重要，定位不当，只能取得一时的成功。大家也许听说过下面这个故事。

汽车巨子之死

1993 年，中国企业界巨子、“桑塔纳”总经理方宏坠楼自杀。方宏走得很意外，他的家人及秘书丝毫没有发现一点异样，他们很难将他生前的行为与他的自杀联系起来。方宏的死使许多人百思不得其解。他在事业上应当说是很成功的。在出任总经理之前，他曾于 1985 年任大众董事会秘书长兼大项目协调部经理。桑塔纳从“丑小鸭”到“白天鹅”，方宏付出了巨大的心血，被称为“中国的艾柯卡”。他在汽车制造方面上的专业理论达到了很高的造诣，被浙江大学聘为名誉教授。他创意建立“振兴中国足球基金会”，出资聘请洋教练，在中国足球史上留下了具有历史性意义的一笔。

随着事业的成功，地位的上升，方宏面临的压力也越来越大，心理负担也日益加重，他显得有些力不从心了，每晚都要靠安眠药帮助入睡。使他心力交瘁的是1993年桑塔纳的年产量必须要大幅提高；“振兴中国足球基金会”原宣布筹资1000万，却有240万没有到位；感情笃深的夫人姚沁薇偏偏又患了癌症，动了大手术……

有人说“桑塔纳是方宏的命，足球是方宏的魂，夫人是方宏的根”，重压之下，夫人的病给方宏带来了致命的打击，但他却克制着内心的痛苦和不安，冷静地安排着工作，细心地照顾着手术后的夫人。终于有一天，他将文件交给秘书说：“我想安静一会儿，请你们别来打扰。”16分钟之后，方宏从五楼总经理室的窗口跳下，轰然坠地。方宏之死，看起来是外在的压力过大所致，实际上是他性格中某些与他的工作性质不相适应的特性起着很重要的作用。

毫无疑问，方宏是一个出色的企业家。他才干出众，正直、勤勉、认真，这对他事业的成功起了极大的作用。但他内向、少言，过于追求完美，对自己近乎苛刻，使他背上了沉重的心理包袱。他平素做事极为认真，一丝不苟，这使得本来就很沉重的工作压力变得更加沉重起来。

姚沁薇住院的20多天里，方宏一天不漏地来探望，他服侍姚沁薇的那份细心，别人想也想不到。这种细心使他对人对事对物往往有着更为深刻的情感体验，同时也加重了他的心理负担。长期的内心冲突和矛盾、长期的压抑以及心理超负荷运转，终于到了极限。最后，方宏选择了这样一种完全解脱的方式。

方宏内向、谦和、谨慎、认真、细致、守信，富有同情心，如果他仅仅做一个研究者或一个项目负责人，或许不致走到这一步。他缺少一个现代企业家所应当具备的另外一些品质，如外向、爱冒险、喜交际、自信乐观、开朗愉快等等，所以方宏的失败归根结底归于他当初没有根据自己的特长正确地定位他的社会角色。

人生关键的只有几步，这几步尤其要策划好。孔子成为各国垂询的国老、一代大宗师，耶稣由小木匠成为著名的宗教领袖，李嘉诚、霍英东……这些穷苦出身的人，能登上世界巨商的顶峰，是因为他们角色定位的正确，他们的每一步都是拼搏之步、策划之步。角色的定位对于人生具有重要的意义。它决定了个人的生活所在地、收益、发展前途、人生观念和社会地位。

大家再听听另外一个故事：

在中学毕业时，勒刚便立志要成为一名优秀的企业家。抱着这样的梦想，勒刚开始了自己的生涯设计，他为自己描绘出了职业生涯的蓝图，即先去读企业管理专业，然后运用这些知识进入企业界。蓝图是绘好了，但在经过其父亲和老师的分析之后，认为要成为一位真正优秀的企业家，应进入理科班学习。因为在创办企业过程中，更需要的是技术基础，而工科学习，不仅是知识技能的培育，还能帮助建立一套严谨求实的思维体系，训练逻辑推理能力和严谨踏实的工作态度。而在学习工科的同时，可以选择企业管理的知识，这样使知识结构达到完整优化……终于，勒刚进入了大学。

在大学期间，勒刚在学习理科知识的同时，大量涉及了企业管理、经济方面的知识，并参加了大量的实践，使自己各方面的素质都得到培养。毕业之后，他已经具有了发展成为企业家的知识和素质。

但勒刚毕业时，并非立即进入企业工作，而是进入了一家研究院工作，于是勒刚开始了科学创造的追求。在这一期间，他的努力终于得以实现，并申请了专利。但作为职务发明，勒刚还是不能带走该发明的。此时，他提出了辞职，与另一合伙人创办了一家公司，并将其发明创造向应用性方面发展，为自己公司的发展提供了拳头产品。而这时，勒刚发现自己的管理水平和知识已有点与现实不大适合，于是，他边工作边考取了在职的MBA学位，为其职业生涯打下了坚实基础。终于，他使其职业生涯与自己的公司同步发展，成长为一位出色而优秀的企业家。

我们在此可以看到勒刚职业生涯的计划、思路非常清晰，步骤合理，充分考虑了自己的兴趣、素质、能力和职业技能的培养，并在父亲和老师的指导下，把自己的角色定位得很好。

其实，人生不仅要进取，更要舍得放弃。

人的精力是有限的，人的才华需发挥在自己擅长的领域和选择最适合于自己的事业。不舍得放弃的结果可能就是被迫放弃，而且还可能是全面放弃。

舍得放弃，其实是为了以后得到更好的机会。这不是消极的人生态度，恰好是一种积极进取的清醒人生观。一个人只有知道自己能干什么和不能干什么，才能把有限的精力集中到自己能够成功的事业上。

执著地追求目标和达观的生活态度从来就不是矛盾的。所谓“有所不为，才能有所为”，“退一步海阔天空”，“山穷水尽疑无路，柳暗花明又一村”这些都恰恰道出了前人在人的有限的生命面对无限的大千世界的感悟。

舍得放弃，说到底是一个人真正地了解了自己的角色，真正懂得了如何驾驭自己。

以前称行业有三百六十行，现在已远远不止。不管行业种类如何多，概而言之，不外乎学道、商道与官道。学道人们戏称黑道，因为要坐一辈子的冷板凳；其实，如果策划好了照样辉煌。人们称商道为金光大道。可是，如果策划失误，同样是门前冷落，清苦一生，甚至高筑债台。官道人们戏称经道，因为权高势重而大红大紫。可是，如果没有过人的策划本领，照样夜不能寐，无所适从。潜在的职业实在太多，必须进行市场细分，选择适合自己的角色。角色将决定一个人的生活方式，因此考虑的角度除了事业之外，生活也是重要的目标。

定位角色的过程，也是有自己的思想和行动寻找自我的过程。个人要在当代的社会中立足，并闯出一番事业，前提是要树立一个完整和成熟的自我。可考虑从以下几点着手：

确立身份：一个良好、稳定的身份将推动个人在学习中取得成功，强化人的动力，启发人的想像力和兴趣，并使其拓展新的经历。

明确目的：目标与人的知识、判断力及行动有关。当个人知道自己想要过怎样一种生活时，他会变得志向远大，信心百倍。

发挥才干：才干是一个人拥有把握能力的感觉。发挥才干，就是相信自己有能力应付一切要求，并达到自己的目标。如果你的角色定位正确，树立了一个强健的自我，你就会根基牢固，就可以集中力量，发展事业了。

二、7岁Dick的病
（积极行动）

只有行动才是走向成功的开始。

机遇和梦想是可以创造的。

“宝玉韬光，真才不露”，“不露”的结果，反而使宝玉变成了一块占地方的石子。“该出手时就出手”，特定情况下大胆表现、积极行动，才会有收获。

有一则寓言，说场院上有一头驴要吃草，发现其左右两边各有一堆青草，毛驴犯难不知先吃哪一堆，结果毛驴在犹豫不决中饿死了。

所以，有了目标后，一定要积极行动。

美国有一个7岁的小孩，叫Dick，他的父母感情不好经常吵架，每一次吵架，他都很难过。他天生有一种哮喘病，当他特别着急时，往往哮喘就会发作。每次他看到父母吵得不可开交时，他就用自己的意志，让哮喘发作，于是父母为了他就不再吵架，暂时和好了。

后来有一个医生知道了此事，就问他：如果因为哮喘，父母不让他参加同学的生日宴会，那你想不想在不愿发作的时候控制它不发作？他说：“想！”医生于是引导他在发病时，用意志控制哮喘不再发作。就这样，Dick被治好了。

人可以控制自己的行为，甚至可以控制自己生理上的功能。

要想成功，必须采取积极的行动来改变自己，改变自己的态度。为什么要改变我们自己呢？因为成功是一个模式，成功是需要一定的良好习惯才能走向成功的。一颗种子，如果给它充足的阳光、肥料、水分，它才能成长壮大。成功模式需要的条件，不是每个人先天就具备的。所以，我们必须改变自己，让自己变得和成功的人一样，具备完善的成功条件，成功就成自然而然的事了。

有了成功的心理生理准备，下一步就是成功计划的实行。必须先进场参与，才能分胜负。决不能做旁观者。有的人觉得自己不是那块料，没那个细胞……自觉卑微，自认处于低层的，觉得自己什么都不行……其实这些人都没有意识到，自己和别人的真正差别是：别人也许用了人的潜力的百分之二，而自己却只用了人的潜力的百分之一。如果自己也用百分之二，就不比别人差。如果自己努力，用了百分之二点五，就注定了远远超过一般人。

很多人认为，自己今天之所以走到这一步，是外界造成的，是父母、社会、时代造成的。在遇到困难、挫折、悲观失望时，总是认为一切都是外在原因造成的，却很少检讨自身的原因。其实，从先天条件看，上天和父母给我们的已经够多了，足够我们一生成功十次，甚至一百次；从后天条件看，成功是我们可以自己选择的，生活也是我们自己可以做主的。

有这么一个真实的故事：

美国有一对夫妇，因为害怕寒冷，退休后从寒冷的明尼苏达州搬到温暖的佛罗里达州。但没过多久，他们又要搬走了。邻居很好奇，问那位先生："为什么这么快又要搬走了？他回答说："我太太不喜欢这个州，周围的邻居不接受她，也不欢迎她，所以还是搬回去吧。"邻居说："你太太有没有跟周围的太太说她想和他们一起参加社交活动？"丈夫说："从来没有过。"邻居恍然大悟："你们天天都待在屋里，从来不出门活动，周围的邻居都无法结识你们。别人还认为你们比较孤僻，不喜欢社交，所以没好来打扰你们……”不是周围的邻居不欢迎他们，而是他们自己没有主动采取积极行动，让自己受到别人的欢迎。

有的人希望别人安排自己的生活。就像坐在一个火炉面前，火炉不出火，自己也不放柴，却一个劲地说“好冷”。多数人都在期待、在希望，以为外面的人或事会主动来改变他们的生活，而很少想：只有我们自己积极行动，才能改变和创造自己的生活。

人要营造什么样的生活和环境，想过哪种生活，不能等别人来帮助你，而只能靠自己去积极行动。

一位42岁名叫尼尔·巴特勒的探险者，在人烟稀少的加拿大西部雪地上行走时，突然被捕熊器牢牢地夹住了脚。更可怕的是这一地区晚间温度会降到零下几十度，遇此绝境，要么被冻死，要么断腿逃命。经过慎重思考，他果断地选择了后者，“给自己截肢”。当做出选择后，他嘴里咬住帽子以防痛苦中喊叫时咬伤舌头；他用血洗刀，权当消毒；他用衣服扎住小腿来止血；然后用锯齿刀锯断自己的腿骨。他终于将自己从捕熊夹中解救出来，用雪埋好断肢，以备以后能接上。他做完所有这些事后，开车走了150多公里才找到森林边上的一个医疗站，说明情况并告诉了医生“我的脚还在雪地里”后瘫倒。后来，它的脚虽没有保住，但他智慧的选择却保住了生命。而不是像驴子那样，既舍不得脚，又动弹不得，最后被冻死或被熊吃掉。有壁虎，每每尾巴被其他动物抓住时，就采取断尾求生之法，这也是一种智慧的行动。

总结成功人士的经验，大多都有智慧选择的趣谈；仔细分析不成功人士的教训，许多都有不能果断抉择的遗憾，虽然没有达到驴子被饿死的境地，但却失去了许多成功的机会。人类生活、工作和事业发展中都充满了选择，就连逛一次动物园也会有选择。时间有限，不可能走完所有路线，此时怎么取舍？凡碰到岔路口，选择一个方向前进，一边走，一边选择，每选择一次，就放弃一次，当然也遗憾一次。然而这样会在有限的时间内你至少可以看到尽可能多的动物。如果不当机立断，你可能失去的更多。人生也是如此，左右为难的情形会时常出现，为了得到一半，必须放弃另一半。若过多地权衡，患得患失，到头来将两手空空，一无所得。

现在就以好莱坞最成功的导演斯皮尔博格为例吧。

他在36岁时就成为世界上最成功的制片人，在影史十大最卖座的影片中，他个人囊括四部，包括“外星人”（E.T.）。他是怎么能在这样的年纪有此等成就呢？

斯皮尔博格在十二三岁时就知道，有一天他要成为电影导演。在他17岁那年的某天下午，当他参观环球制片厂后，他的一生改变了。那可不是一次随随便便的参观活动，在他得窥全貌之后，当场他就决定要怎么做。先偷偷摸摸地观看了一场实际电影的拍摄，再与剪辑部的经理长谈了一个小时，然后结束了参观。

对许多人而言，故事就到此为止，但斯皮尔博格可不一样。他有个性，他知道自己要什么。从那次参观中，他知道了需要积极行动改变做法。于是第二天，他穿了套西装，提起他老爸的公文包，里头塞了一块三明治和两根糖棒，重回到摄影棚现场，假装他是那里的工作人员。当天他故意避开了大门守卫，找到一辆废弃的拖车，用一些塑胶字母，在车门上拼成斯皮尔博格、导演等字。然后他利用整个夏天去认识各个导演、编剧、剪辑，终日流连于他梦寐以求的电影世界里。从与别人的交谈中学习、观察并发展出越来越多关于电影制作的灵感来。

终于在他20岁那年，他成为了正式的电影工作者。他在环球制片厂放映了一部他拍得不错的片子，因而签订了一纸7年的合同，导演一部电视连续剧。终于，他的梦实现了。

勇敢迎接机遇，也是积极行动，这也是迈向成功的一种表现。机遇，也就是时机，也就是机会，往往披着一件神秘的外衣。有的人常常把自己能否碰到好的机会，归结为“运气”，有的甚至看作为“命运”。我在这里重点要谈的是：寻找时机，把握时机，利用时机。

很多人常常会有这样的感叹：“我何尝不想抓住时机大展鸿图呢，可是遇不到时机啊！”时机就真的难遇吗？并不是，在21世纪这个变革的时代，让人大展鸿图的时机到处都有，每个人面临的机会都很多。每会晤一位客人，每一次演说，每一次比赛，每一项工作，每一次谈判，每一次通电话，全都是机会。这些机会带来了教养，带来了勇敢，培养了品德，提高了水平，带来了朋友。对我们的能力和荣誉的每一次考验都是宝贵的机遇，从过去过渡到现在的每一瞬间，机会都不断涌现。

生活中有这样四种人：第一类是火车司机，在既定的轨道上定点定时定方向，把指派的工作完成得尽善尽美；第二类是医生，穷于应付已发生的问题和解决当前困难，头疼医头，脚疼医脚；第三类是农民，活动在有限的界定的土地上希望取得最大效益；第四类是渔夫，最善于冒险，作业范围广，但不能保证有多大收获。你属于哪一种？一般来说，风险和时机的大小成正比。风险少，机会少；风险大，虽说会令很多人望而却步，却能够使少数敢于冒险者获取最大最好的机会。

那么，要想赢得时机，就必须对时机与风险进行综合分析。勇于承担一定的风险，克服“恐怕不行，我没那么大能力”的心理障碍。其次，对自己的行为负责。第三，认识自己的才能，追求自己的目标，迎接挑战。这三点，我们称之为“成功者的优势度”，也就是我要说的把握机会的出发点。最痛苦的莫过于面临机会时无力承担，于是等于没有机会。要把握机会，就要求你已具备承担机会的各种知识和能力。

一个人的知识越多，才干越大，生活中出现让我们把握的机会也就越多。这才是金子总会发光的真正含义。发明青霉素的弗莱明就指出过：“不要等待机会的降临，应该努力去掌握知识。”知识丰富了，能力提高了，机会出现的概率就相应提高了，机会的可获系数也会相应地变大。

举个例子，比如今天晚上，你难得有了一段空闲时光，可以看看电视，也可以刻苦学习，也可以拍拖散步，但利用这段时间干什么所产生的机会价值是完全不同的。哪一种机会价值最大？这就取决于你自己的价值分析。价值分析的方法，是对要做的每一项工作提出这样几个问题：1. 这是什么工作？2. 工作目的是什么？3. 成本（时间）是多少？4. “价值”能有多少？5. 有其他捷径吗？6. 新方法“成本”又是多少？7. 新方法能满足要求吗？经过这样一系列的问题分析，便可从中找出“成本”（时间）比较少，而机会价值又比较大的最佳方案。美国有一种 5W—H 理论，比较简明地指出这些因素和条件的内容，5W 即：What（做什么），Why（为什么做），Where（在哪里做），Who（谁来做），When（什么时候做）；H即How（怎么做）。

有的人不管在公司还是在家里，常抱怨：外面的世界好烦，人不热情友善，事情都和自己过不去。却忘了一个这么简单的道理：外面是自己的一面镜子。如果你散发出热情活泼、善解人意，很乐意与人交往，你表现的这些现象很快都会形成在你的周围。如果你给人的是相反的印象，老是等待外面的人给你想要的东西，结果会是什么也等不到的，失望透顶。这种等待和希望的心理是多数人没有过上理想生活的疾症和原因之一。

播下一个行动，你将收获一个习惯；播下一个习惯，你将收获一种性格；播下一种性格，你将收获一种命运。建功立业的秘诀就是："立即行动！"

三、诸葛亮下令杀人（言出必行）

记得一首歌里有这样一句歌词："这是我对自己下的考验，这是我对自己许的诺言，当我走到生命终点的那一天，请告诉我，是否实现。"言出必行，是对自己人生的承诺。

太阳始终温暖，人类才拥有甜蜜的爱恋；大海始终蔚蓝，鱼儿才获得自由的家园；森林始终碧绿，世界才穿上美丽的衣衫；梦想始终萦绕，我们才踏上奋斗的征程。能做到说了就算、说了就干，不仅有威信，而且出效率。

做人，就要做到说话算数，守信用，重承诺。人生在世，信用为本。孔子曰："人而无信，不知其可也。"意思是：人如果不讲信约，不知道他怎样立身处世。守信是人们应当遵循的道德标准，更应是领导者的重要行为准则。守信就是要恪守信约，履行诺言。

春秋战国时，商鞅在秦孝公支持下，主持变法。为了树立威信，推进改革，他下令在都城南门外立一根三丈长的木头，并当众许下诺言：谁能把这根木头搬到北门，赏十金。围观的人们不相信，谁也没去动它。于是，商鞅又宣布：谁能将木头搬到北门，赏五十金。这时，一个男子站了出来，把木头扛到了北门。商鞅立即赏他五十金。商鞅这一举动，使百姓感到他是个说话算数的人。于是，商鞅的新法获得了人们的信任，很快就在秦国推行开了。

军令如山倒。三国时期，当马谡失去街亭要地时，诸葛亮不得不挥泪斩了他，履行了战前诺言，维护了军威。《史记》记载，齐国打败了鲁国，齐桓公和鲁庄公在柯地和谈时，鲁国将军曹沫突然以匕首相对，逼齐桓公归还鲁国的失地，齐桓公只好答应了。事后齐桓公心有不甘，打算杀掉曹沫，否定这个承诺。相国管仲劝止，说这样做会失去人心。齐桓公认为此言有理，便依照承诺归还了鲁国的土地。“诸侯闻之，皆信齐而欲附焉。”不出两年，齐桓公便被诸侯推举为霸主。齐桓公之所以称霸天下，除了军力强盛之外，守信用也是一个很重要的原因。

一个领导者应具有的好作风就是言必信，行必果，说到做到。这里关键就是一个“行”字，“行”就是干。话一说出，就应雷厉风行，抓紧落实。在实际工作中，一要忌言出无行，“干打雷，不下雨”，说了不干，食言脸不红，说话不算数；二要忌言出行缓，拖拖拉拉，常常错过了时机，耽误了事情，这是语言的巨人，行动的矮子。无“行”之“言”是空言，是妄语，是假话，是欺人之谈。行动迟缓也可能使“言”变空，达不到目标。

面对生命，我们很难从容承诺，更难从容承诺后就付出行动。即使我们可以对很多承诺毁约，却不能毁掉对生命的诺言。当今，能实现对生命承诺的人可谓少之又少。

生活中有两种人最容易成为别人瞩目的对象：一种是得志的人，另一种是失意的人。人之所谓得志，就是用正当不正当的手段取得名、权、钱等让人垂涎的东西。所谓失意，也就是没有得到这些东西。

一个人得志与失意，其生存状态完全不同。得志者的眼睛往往是朝上的，因为他无须求人什么，即使有所要求，也可以拿自己已拥有的东西做交换。失意时人的眼睛是俯视的，脸上常常呈现的是一种讨好之色，他拥有的东西太少，而这太少的东西还随时可能被人剥夺。得志的人喜欢抛头露面，抛头露面可以让他显摆自己已经得到的一切，唤起他灵魂深处的优越感和精英意识。失意的人常常逃避社交，社交总是让他处于一种与别人的对比中，感到自己的渺小。得志的人很少反省自己，他坐的顺风船太多，于是认为自己每件事都处理得英明。失意的人容易过分地谴责自己。他在生活中得不到自己渴望的东西，无法与轻而易举就拥有了这些东西的得志之人一争高低，于是就把责任归于自己的失误，忏悔不已。

得志与失意在特定的“气候”下可以相互转化，得志的人如果总是躺在老本上要吃要喝，时间长了，这老本一定会弹尽粮绝，从而由得志变成失意；失意的人如果始终保持一种进取的心性，你完全可以在生活中找到自己的位置，使自己一步步达到得志。一个人的成功固然有环境、机遇的因素，但环境、机遇只是一种外在的条件。

世界上没有永远的得志者，也没有永久的失意者。超越得失，勇往直前，乃最高境界。

四、熊猫 vs 北极熊
（改变环境）

有一只乌鸦打算飞往东方，
途中遇到一只鸽子，
双方停在一棵树上休息。
鸽子看见乌鸦飞得很辛苦，
关心地问：你要飞到哪里去？
乌鸦愤愤不平说：
其实我不想离开，可是这个地方的居民都嫌我的叫声不好听，
所以我想飞到别的地方去。
鸽子好心地告诉乌鸦：别白费力气了。
如果你不改变你的声音，飞到哪里都不会受到欢迎的！

如果你无法改变环境，唯一的方法就是改变你自己。通过自身的积极行动，来改变自己；通过改变自己，来改变环境；环境的最终改变，就一定程度上是生活的成功。人和野兽动物最大的区别就在于，人不只是被动地忍受或逃避恶劣的环境。人之所以伟大，是因为人能总结经验教训，有智慧、有计划地去改变环境，把荒山变良田、变贫穷为富有……

中国古代的思想家荀子有句话说得好：“蓬生麻中，不扶而直；白沙在涅，与之俱黑。”

有一天，一个路人发现路旁有一堆泥土，从土堆中散发出非常芬芳的香味，他就把这堆土带回家去，一时之间，他的家竟满室香气。

路人好奇而惊讶地问这堆土："你是从大城市来的珍宝吗？还是一种稀有的香料？或是价格昂贵的材料？"

泥土："都不是，我只是一块普通的泥土而已。"

路人："那么你身上浓郁的香味从哪里来的？"

泥土："我只是曾在玫瑰园和玫瑰相处了很长的一段时间。"

和什么样的人相处，久而久之，就会有相同的味道。通过改变自己，与成功人世相处，让我们不但是靠近玫瑰的泥土，吸收它的芬芳，更能自我勉励，成为可以带给别人香味的玫瑰。

你要创造你理想的那种生活，你自己必须先变成你心目中理想的那种人。你想过什么样的生活，你先要变成适合那种生活环境的人。想做律师，先读法律专业；想做医生，先读医科大学。成功也是如此。就职业而言，你如果现在不得意、不得志，是因为你还没有变成那种能在那个专业里如鱼得水，还没有变成配过那种生活的人。

有一位新到任的公交车司机，主动和每一位上车的乘客问好、打招呼。

刚开始有些人受宠若惊，不知所措，但是看到这位有礼貌的司机和每个客人都亲切地问安，整辆车开始弥漫着一股祥和友善之气，而且由于心情好的关系，在下车时，乘客不但彼此相互礼让，还会点头致意。结果是，大家都带着十分愉快的心情去上班。

由于一个司机的关系，改变了车厢里一个小小的环境，而这些影响却如同水池中的涟漪，逐渐扩散出去，也改变了大环境。当每一位心情愉快的乘客来到自己的办公室，将这份心情再扩散出去时，又产生了加倍的影响。

你的一句话、一个小小的举动，不是微不足道的。

过收费站时向收费员说一声谢谢；下车时向司机先生说一声辛苦了；回到家向大楼管理员问一声好；由衷地赞美你的同事几句；对你的父母表达心中的感谢；给一个软弱丧志的朋友打打气……

你的善意会带来一片灿烂和温馨，而你所付出的，却只是举手之劳。

有一句谚语说得好：一只在北方的蝴蝶，它扇动翅膀所产生的力量，将造成南美洲的巨大风暴。听来好像是不可思议，但是我们所从事的一切美善、一个小小的用心，都可以给这个社会带来奇妙的连锁反应。

人生总会有许许多多的不如意。经常会烦恼、悲伤、痛苦、失望等等，老天爷似乎总是喜欢和自己过不去似的。

人生谁会没有坎坷，谁会没有失意？为何不坦然面对，快快乐乐地做人呢？

下雨了，不能出去逛公园，不如就在家里看看报纸；失恋了，无法挽回失去的感情，不如改变自己的心态，把心放到工作上来。如果周围的人对你有恶意，疏远你，与其一直埋怨别人，不如先检讨一下自己，改变一下自己的处世态度和方法。

有志者事竟成，但绝不是愚志。愚志者，明知不可为而为之者也。当你身处不利之境而感到无能为力时，不如改变自己。

塞内卡族有一句谚语："环境的每次变化都将带来一个惊喜！"

开始改变环境是一个富有自信的行为：我们做出决定来对周围的环境施加影响，而不是一味受到环境的摆布和控制，于是我们采取主动的行为来实现这种改变并为其承担起责任。当然这种环境变化可能会需要他人参与或影响到他人，我们必须随时准备着来解决这些问题。

这种情况下，有三种“双赢”模式也许对你有所帮助。

你、你的家庭和你的同事在一起还能想出很多其他的方式来满足你的特殊需求，我要介绍的是以下三种主要的方法，可以通过改变环境，来帮助解决或减少冲突：

(1) 使生活、工作更丰富；

(2) 使生活、工作空间扩大；

(3) 使生活、工作单调一些。

下面是每种方法的具体实例：

使生活、工作更丰富

这种方法是指通过增加物质或活跃环境，让生活更加有趣而且刺激。

使你的家庭环境更丰富的方法可能包括以下这些：

邀请你喜欢的人来参加晚宴

参加一些你感兴趣的社会团体

学习新的游戏或者体育项目

和你有相同爱好的人进行一些讨论

在家里多添置一些游戏、拼图、书籍、磁带等东西

在周末时去一个有趣味的地方（动物园、公园、野营地、滑雪场所、自行车赛场等）

和家人一起合力完成一个项目：修建一个小的蔬菜园，建造一个狗屋，研讨你的家史

而使你的工作环境更丰富的方法可能包括以下这些：

安置一套桌椅使雇员能在此吃中饭，并且在休息时有地方放松

增添一个咖啡机和饮水机

为雇员们提供一套现代化的办公设备

为员工提供培训机会，例如邀请专家前来演讲

为教育和进一步发展提供培训课程

尽量搜集到更多你所从事的领域里最新发表的书籍和资料

给雇员提供锻炼身体的空间和设备

为照顾小孩提供便利，解决员工的后顾之忧

添置些植物和照片来丰富办公室环境

使生活、工作空间扩大

经验告诉我们拥挤的环境通常会导致反社会行为。有时你能通过增大空间和增加空间的实用性来缓解压力和焦虑情绪。

这类有效的方法应用在家中包括：

去掉一个隔间或拆掉一面墙，让房间的空间更大

为工作、学习、储藏等提供一个新的房间

将一个双人床替换成一个可变化的沙发

尽量选择一物多用的家具，例如：一个能用来晚餐、缝纫、玩游戏的桌子

选择能折叠并能被收好的家具，例如：可折叠的桌子和椅子

租借外面的储藏空间

在工作中这类方法包括：

为雇员们提供更大的工作空间

去掉房门

去掉一些无用的隔间

租借外面的储藏空间

买一些多用途的办公用具——可以同时用来打字、写作等

使生活、工作单调一些

这种方法包括从你周围的环境中移去一些物品以及减少一些活动，降低生活的刺激性。当生活过于丰富时，人们会因为各种需要而被压迫得疲惫不堪，从而导致易怒和焦虑情绪。

在家中这类有效方法包括：

在晚餐和交谈过程中不接电话

削减室外活动，包括旅行、聚会、逛商场

关掉收音机、立体声音响和电视机

安静地放松——思考、阅读、打盹、聊天

在固定的房间里从事看电视、听收音机等活动

使用耳机来听音乐

在工作中这类方法包括：

在开会过程中不接电话

尽量少安排会谈

将打印机放置在另一个房间中

在吵闹的办公室环境中使用耳塞

通过改变自己来改变环境，能使人具有一种顽强的生命力。

我在美国看到一个关于熊的故事的电视片，讲的是熊猫和北极熊是共同的祖先，但是由于气候的变化，同一祖先的熊分为两批，一批移到了中国四川的温带地区，另一批移到了北极的寒带的地区。按照一般的逻辑，进入寒带地区的熊就会被冻死、饿死，而在温带地方的熊就很容易活下来。但是结果却相反，由于环境好，在温带地方的熊，由以前比较凶猛的动物变成好吃懒惰的熊猫，而濒临灭绝。

为什么会产生这样的结果？道理很简单，因为熊猫犯了两个错误。第一，它退出了竞争的行列。温带地区的食肉动物很多，如老虎、狮子、狼，它们常会和它抢食物吃，所以熊猫索性不吃肉，退出了和那些凶猛动物竞争的行列。紧接着它又犯了第二个错误，那就是由于吃草的动物也很多，它决定连草都不吃了，决定吃其他动物都不吃的东西——竹子。这是一个致命的错误：它依靠单一的食物生存。就像一个人，如果他只具备一种技能，但是当社会不需要这种技能的时候，他就会失业。当竹子越来越少的时候，就有大批的熊猫被饿死。而北极熊却在北极生活得很好，进化得比熊猫要凶猛，体重比熊猫要大至少两倍。它本来是陆生动物，但是最后也能在海中游泳几个小时，并且能捕食水中大量的生物，吃海豹，吃海象，吃各种虾和鱼。最后实在没有东西可吃时，在零下四十度的北极，它却能够席地冬眠。过了三四个月以后，北极熊冬眠结束，拍拍身上的雪又是一条好熊。因为北极生存环境的恶劣，导致了北极熊强大的体魄和强大的生存能力。

无数的生物学家都做过实验，同种生物放在两种不同的环境中，一种是非常舒适的环境，一种是要通过努力才能取得食物的环境，最后的结果永远是：生活安逸的生物不是早死就是病死；而在恶劣环境下的生物却大多过得快乐而且长寿。

人也是一样，凡是那些在艰苦的环境中成长起来的人，都是比较坚强有活力并能取得成功的人。而在舒适安逸的环境中成长起来的人通常是没什么出息的。这从中国无数家庭的例子中都可以看到。所以说，退出竞争、避免艰苦不是什么好事。艰难困苦常常是幸福的前奏，而安逸享乐很可能是苦难的开始。

千万不要相信，机遇会在你平淡的人生中的某一天从天而降。只有改变你自己，你才能获得新生；只有改变你自己，你才能迈向你理想中的境地。如果你害怕改变，畏惧改变，如果你不能一次次地战胜自己，战胜自己的羞怯自卑和懦弱，你永远无法实现你的梦想。

人可以改变自己，通过改变自己改变环境，改变环境进而改变人生……

第三天
Day III

The secret is out... Love what you do, or do what you love, is the only way to attract success and wealth...

道破天机……原来财富会紧追你不舍……

一个年轻人听说某处住着一位智者懂得成功之道，许多人在这位智者的调教之下，都步上了成功之途。因此，他很想亲自向他请教。费尽千辛万苦，他终于找到了智者。

年轻人："智者，您可不可以教我如何做，或是具备什么样的条件才能成功?"

智者："你想成功吗？那跟着我走。"

智者说完之后，也不理会年轻人的反应，径自朝着海边走去。而这年轻人为了追求成功之道，自然紧紧尾随在后。一直走着，走着。智者竟引导年轻人走进海里面。越往前走水越深，水已经淹到胸部了，眼看着再走下去就要淹没头顶了。突然间，智者将年轻人的头用力地压入水里，年轻人奋力地挣扎，急于逃脱困境。可是这位智者一点也不松手。约莫过了一分钟，智者才把手松开。

年轻人深深地吸了一口气，咆哮道："老家伙，你想淹死我呀？"

智者："如果你渴望成功的意志，能够像你刚刚想呼吸时那样强烈的话，你就已迈向成功之路了……"

有三个人要被关进监狱三年，监狱长给他们一人一个心愿。

美国人爱抽雪茄，要了三箱雪茄。

法国人最浪漫，要了一个美丽的女子相伴。

而犹太人说，他要一部与外界沟通的电话。

三年过后，第一个冲出来的是美国人，嘴里鼻孔里塞满了雪茄，大喊道："给我火，给我火！"原来他忘了要火了。

接着出来的是法国人。只见他手里抱着一个小孩子，美丽女子手里牵着一个小孩子，肚子里还怀着第三个。

最后出来的是犹太人，他紧紧握住监狱长的手说："这三年来我每天与外界联系，我的生意不但没有停顿，反而增长了200%，为了表示感谢，我送你一辆劳施莱斯！"

什么样的选择决定什么样的生活和什么样的未来！

正像英国作家萨克雷的名言一样，"生活是一面镜子，你对它笑，它就对你笑；你对它哭，它也对你哭"。成功的到来也正如一副对联：说你行你就行，不行也行；说不行就不行，行也不行。这副对联应该有一个画龙点睛的横批，那就是我们今天的话题"自我评价"——你认为你行，你就能行；你认为你不行，那你就真的不行。

一个朋友给我讲了一个故事：

一个博士陪老婆上街，按照博士的说法，是老婆舍不得打出租车，就陪着一同挤小公共。博士个子高，抬不起头来，一路上就那么低着，但他却没有停止思考。博士说："那时我就在想，都说成功难，我看这不成功的日子才是真的难过！"

实际上，只要我们注意观察，就会吃惊地发现，那些生活在贫困线的人才是真的有耐心、有吃苦耐劳的品质。他们正是以这种惊人的耐心，忍受着不成功的现实。我真想问：为什么不把这种巨大的忍耐精神和吃苦精神，用去追求成功和财富？

令我感触很深的是，很多人认为自己很平凡，只能过平凡的生活，只能吃粗茶淡饭，其实这是一个误解。有才华的人选择的是自然的路，没才华的人选择的是背离自然的路。一辈子苦恼不成功的人是因为没有正确的人生观，放弃了成功。没有可不可能，而是选不选择。人天生应该幸福快乐，就像多数疾病并不是天生的，而是吃了什么不健康的东西、呼吸了污染的空气、酗酒过度等。多数疾病是自己的错误决定和选择所致。

很多人以为成功很难，成功要付出太多，要成功会很痛苦。那是不是不成功就很舒服、很自在、很潇洒？当然不是！事实上，不成功才真的更艰难。有的人不肯付出努力去搏取成功，去换取幸福人生，却甘愿用耐心去面对一事无成的痛苦一生。生活在贫困线的人面对的是吃饱、挨冻、生存这样的大事，这是涉及到生死存亡的大事，他们的心理压力会小吗？

那些追逐成功的人，是为了获得更好的生活、更高的地位、更大的成就，就因为他们有梦想和敢于奋斗。他们不再用去为生存发愁，他们只想着如何活得更好。你可以不思成功，但你的生活并不会因此而轻松。你追逐成功，你却会因此而活得更好。我们应该选择成功的人生观，选择成功的生活。同样是过日子，同样要付出很多，同样要承受很多，为什么不去追求一种优越的生活？当刘晓庆说“做女人难，做名女人更难”，所以她很羡慕平凡人的生活，希望自己也能过平凡人的生活。下面有观众反驳道，“如果真让你过平凡的日子，你会放弃现在的生活吗?”看她的生活，你就得到了答案。

通俗一点，甚至可以把人比作一台电脑。人的身体就像电脑的硬件，人的思想就像电脑的软件。人的思想也可以有选择性地安装，你选择了怎样的心态、思想方法和思维方式，就决定了你会有什么样的成就。成功是有序可循的。

每个人都可以成为成功者，为什么并非每个人都是成功者？成功者是充分发挥了自己生命的体力和脑力，较好地利用了社会条件，找到了自己热爱的事业和生活，并无保留地全身心投入其中，财富就跟定了他们。

如果说要一语道破天机，那就是：要么去做你热爱的事，要么热爱你现在正做的事，你会慢慢发现，原来财富会紧追你不舍。

我想对所有默默忍受贫困的人大喊：“过贫穷平庸的生活与过成功幸福的生活，你需付出的艰辛和汗水是一样多的!”18 岁以上的人都是可以选择自己生活的。可悲的是，很多人选择了平凡平庸，选择了吃平凡平庸的生活的苦。另一些人，却选择了积极的人生，选择了成功路上的“苦”。

第三天，选择成功。

一、洛克菲勒
（启示成功）

1839 年，约翰·洛克菲勒出生于纽约北部的仙指湖区。他的父母个性截然不同：母亲是个一言一行都皈依《圣经》的虔诚的基督教徒，她勤快、节俭、朴实，家教严格；而父亲却是个讲究实际的花花公子，他自信、好冒险、善交际、任性而又以自我为中心。洛克菲勒作为长子，他从父亲那里学会了讲求实际的经商之道，又从母亲那里学到了精细、节俭、守信用、一丝不苟的长处，这对他日后的成功产生了莫大的影响。

约翰·洛克菲勒 14 岁那年，在克利夫兰中心中学上学。放学后，他常到码头上闲逛，看商人做买卖。有一天，他遇到一个同学，两人边走边聊起来。那个同学问："约翰，你长大后想干什么？"年轻的洛克菲勒毫不迟疑地说："我要成为一个有 10 万美元的人，我准会成功的。"

1855 年 9 月 26 日，他在一家经营谷物的商行当上了办事员。从此，这个日子就成了他个人日历中的喜庆纪念日。"就在那儿，我开始了学做生意的生涯，每周工资是 4 美元。"他追忆道。

他工作勤恳，聪明好学，不久就养成了对数字的好眼光。他除了记好账外，还为商行的经营出主意。第三年他的年薪提到 600 美元。但他知道自己对这家商行的贡献远不止这些，因此要求加薪到 800 美元，结果遭到拒绝。洛克菲勒断然决定离开这家商行，自闯天下。

1858 年，年仅 19 岁的洛克菲勒向父亲借款 1000 美元，加上自己积蓄的800美元，与比他大10岁的克拉克合股创办了一家经营谷物和肉类的公司。这是洛克菲勒生平所办的第一家公司。由于经营顺利，第一年就做了4.5万美元的生意，净赚4000美元。第二年年底净赚1.2万美元，洛克菲勒分得6000美元。

洛克菲勒做生意时总是信心十足、雄心勃勃；同时又言而有信，想方设法使自己取信于人。克拉克对洛克菲勒做事仔细十分欣赏，他描述当年的情形说："他有条不紊到极点，留心细节，不差分毫。如果有一分钱该给我们，他必取来；如果少给客户一分钱，他也要客户拿走。"

人生活于不同的历史环境和社会关系中，因而对成功的认识也不相同。对成功的追求可以形成一种强大的精神力量，一旦人们真正把它当做自己的人生信仰和人生价值选择，它就会成为人生的一种持久的、深刻的动力。

如果我们能传送控制自我的意念，对于内心所求的，能产生看得见、听得到、摸得着的信号，那么我们就能不断地产生极佳的正面结果，即使在成功机会很渺茫或根本没有机会的情况下也能激发我们。那些最能干的人，往往是那些即使在最绝望的环境里，仍传送成功意念的人。他们不但鼓舞自己，也振奋他人，不达成功，誓不休止。

你可能听过梅尔·费希尔其人。为了一份深埋海底的财宝，他花了整整17年的工夫，结果捞出价值超过4亿美元的金银币。从一篇文章中我知道他的故事。

有一位参与打捞的水手被问道，何以他干了这许久。他说道，因为费希尔先生具有振奋人心的能力。每天费希尔都告诉自己和所有的人员，就是今天啦！到了当天收工，他又会说，就在明日啦！他可不是只磨磨嘴皮，从他的口气、他的意志、他的感觉，日日都显示出他信心的坚定。就这样，他持久不懈，终于成功。

他的故事是必定成功的范例，他知道后果，也知道怎么去做，他从工作中学习，如行不通，便尝试他策，直到成功。

另外一位激励高手，就是夏威夷大学橄揽球教练托迈。他相信心境影响成就。有一次在对抗怀俄明大学的比赛里，夏大被压制得抬不起头，到中场时，比数为 22：0，已是溃不成军。

你可以想得出，到中场休息时，夏大球员进入球员休息室是何等的沮丧。托迈眼睛扫过这群垂头丧气的大孩子，知道除非他们心境改变，否则下半场不可能扭转败局。看他们泄气的样子，心里已经认为赢球无望，而这种态度根本就不可能有劲去打赢这场比赛。

这时托迈拿出一张海报，上面贴满了多年来他搜集的剪报文章，每一篇都是从落后分数，终能扭转注定必输的厄运，赢得最后胜利的故事。在球员看过这些报道后，托迈决意一点一滴地帮助他们重建必能扭转颓势的信心。就这样鼓舞出新的斗志，在下半场，夏大球员个个如猛虎出柙，掌握全场，使怀大未得一分，终场以 27：22 获胜。

由于他们能够改变内心怵意，相信赢球可能，真的就成功了。

你知道你有多独特吗？上下五千年，纵横几万里，没有第二个你，你是独一无二的。全世界有50多亿人，每个人的指纹都不一样。每个人应该做好自己，在有限的生命中发挥自己最大的潜力，做好自己想做的事。首先你要相信，每个人的存在，都有一个属于自己的理由。

彼得·韩德先生现任卡耐基公司（Dale Carnegie & Associates）总裁及首席执行官。卡耐基公司为训练界中的翘楚，在全世界85个国家有160个分支机构。除此之外，彼得先生还是数家大公司的董事，作为一个培训别人怎样获得成功的专业机构的总裁，他是怎样获得成功的呢？记者在北京的东方君悦大酒店采访了这位CEO，听他讲述了自己是怎样获得成功的故事。

5岁时我就很成功

什么才是成功，也许每个人的答案都不一样。

彼得先生通过一个故事讲了他对成功的理解。他说他在五岁时因为生病去看医生，当时病痛使他很难受。医生当时问他，你最想要的是什么，彼得先生对医生说，我想要快乐。医生说，那你快乐就是了。结果他真的很快乐。所以彼得先生说，有许多人想追求成功，也有许多人问他，怎样才能尽快地获得成功。他认为，这要先看你对成功的定义是什么？你的成功定义若是家庭和谐，那你就应想办法跟家庭成员更多地沟通，为此付出更多的时间，并在提升家庭成员的和谐之中也提升自己处理家庭问题的能力。

彼得先生说："我对成功的定义是快乐，我不会做我不喜欢的事和不喜欢的工作。中国的一句俗语说'人在屋檐下，不得不低头'，我不喜欢那样的境况，我也不会那样做。

由于我认为快乐就是成功，所以说，我在5岁时就已经很成功了。”

要重视你的学校教育

学校教育对一个人的成功和成才非常重要，对于不少上大学后就抱着学习无用的大学生，彼得先生的建议是，你一定要重视自己的学校教育。卡耐基训练中认为有效的学习模式是正确的态度，丰富的知识，有效的技能，最后成为良好的习惯。因此，彼得先生说，对学校教育的一个良好态度，就构成了有效学习的重要一环。所以一定要利用好学校的教育。

将地产卖给政府做监狱

房地产业是彼得先生开始事业成功的起点，但是彼得先生在这项事业的起点时，却遭受了不少的挫折，最后才达到成功的。这时他用卡耐基的信心和勇气一次次与失败打仗，并最终赢得了胜利。

当时彼得先生29岁，他买了巴尔的摩市中心的一块地打算投资房地产。但是他和许多零售商、餐饮商等民间的企业组织去谈这件事，最后都失败了。因为在美国有钱人多半都选择住在郊区，市中心住的都是中下阶层的人甚至是贫民，因此商人们当然都不愿意选择在那里投资。

但是在这种情况下，彼得先生并没有放弃。他想，民间的投资行不通，何不换个方向，试试和政府谈谈呢？于是他对政府官员说，你看有钱人都不愿意住在市中心，市中心的商业不繁华，建筑也很糟糕，这些人的生活也很少有改善，而且失业的人还很多。倘若政府愿意在这里建一些办公地点，不仅能够创造就业机会，而且市区也能得到建设和繁荣。他这样一建议刚好说到了政府关心的就业和市区建设问题，因此，很快政府就同意了，州政府的法院和监狱都用了彼得先生的这块地。这一成功彼得先生付出了3年的时间。

彼得先生说，他在高中时就读了戴尔·卡耐基先生的著作，有效的时间管理、善于和别人沟通以及对成功的自信等等所有他在学习和事业上成功运用的方法都来自卡耐基先生的理念。他说，是卡耐基先生帮助他取得了成功。

同时，彼得先生也将成功带进了卡耐基。从彼得先生担任卡耐基的CEO以来，他成功地通过卡耐基的理念提升个人能力，并使之与团体目标相结合的训练方式推广开来，既提升了个人的能力，也使个人的工作团体为之受益。

其实，许多时候并非我们不能成功，而在于我们“要不要”成功。

越南华侨李宏福，38岁时候越南沦陷，企业关闭失去生路。他们夫妻俩逃难流落到美国。有一天，夫妻俩聊天，太太说：“宏福啊！我们没有资本，没有设备，但是我们有一颗要成功的心，只要有这一颗心，我们就是最富有的人。”

他们租来烤面包的设备，每天租两个小时，然后用平常存的一点钱买原料，做出热气腾腾的面包，然后由太太按东方人做生意的方法，推出去买。有人取笑他说：“李，我告诉你，美国人不吃边摊的东西，你推出去卖没什么用。”

可是，因为美国人历来吃冷面包，现在有了又香又软又好吃的热面包，所以，当他太太早晨推出去卖时，很快被一抢而光。太太非常聪明，对她先生说：“今天8个人来买，明天做7个人的，永远让一个人买不到。”由于他们有一颗成功的心，所以他们真的成功了。李宏福现在是全美第二大面包连锁店的老板。

福特汽车的创始人福特，一生破产了 6 次，也奋起了 6 次，第 7 次他才获得了成功，成了汽车大王。电影明星史泰龙今天跻身于世界演艺人员中收入最高的一群，但他要当主角曾被拒绝了上千次，最终在电影《夺标》中崭露头角，一举成名。他说："这个世界并没有失败，失败只不过是暂时停止成功。"

人出生时，先天其实并无多大差异。后来，成功的人通过努力把天生的才能挖掘出来，就成功了；而不成功的人放弃梦想，本来应该做的事情却不做，所以没有成功。成功的人是自然的，是合情合理的。不成功的人才是不自然的。一般人总认为成功的人是龙，是天之骄子，是佼佼者，这是不对的，每个人生下来都是龙胚。区别是，成功的人不过发挥了潜能去努力追求梦想。人生下来，脑力体力都是够用的，如果充分利用，是不可能不成功的。

著名石刻雕塑家罗丹，为什么他这么成功？常人看到一块石头，看到的多是其光泽、形状、质料、大小。罗丹坐在面前，看到的却是一个思想家的沉思的头像。为什么罗丹能看到而旁人看不到呢？另外一个例子，古希腊的建筑多是用砖一块一块砌起来，有人问其中一个砌砖的人：你在做什么？他回答："我在把砖块堆起来。"然后他走过去问另一个同样的砌砖人，回答却是："我在建一座丰碑。5000 年以后人类会惊叹有我一份贡献的这个建筑奇迹！"这两人的技能是一样的，不同的是他们的视野、视角和远见。他们的回答，不是反映了他们天生的能力，而是反映了他们不同的人生观。

生命只有一次，七八十年的时间是一个既漫长而又很短暂的过程。时间的长短并不重要，关键是要活得有意义、活得精彩，这或许是一个在任何人看来都无庸置疑的道理。每个人都希望自己的人生过得有意义，也都知道要为此付出努力和代价，但是什么样的人生才有意义？

不断追求、不断充实的人生有意义。追求是指追求更高的自身素质，充实是指充实更多的属于自己的知识。不同知识层次的人所流露出的个人修养、个人素质是不同的，这不是靠装腔作势表现出来的，也不是靠照搬照抄学来的。

这里讲一个老人的故事：

一个著名的推销大师，即将告别他的推销生涯，应行业协会和社会各界的邀请，他将在该城中最大的体育馆，做告别职业生涯的演说。

那天，会场座无虚席，人们在热切地等待那位当代最伟大的推销员做精彩的演讲。当大幕徐徐拉开，舞台的正中央吊着一个巨大的铁球。为了这个铁球，台上搭起了高大的铁架。

一位老者在人们热烈的掌声中，走了出来，站在铁架的一边。他穿着一件红色的运动服，脚下是一双白色胶鞋。

人们惊奇地望着他，不知道他要做出什么举动。

这时两位工作人员，抬着一个大铁锤，放在老者的面前。主持人这时对观众讲：请两位身体强壮的人，到台上来。好多年轻人站起来，转眼间已有两名动作快的跑到台上。

老人这时开口和他们讲规则，请他们用这个大铁锤，去敲打那个吊着的铁球，直到它荡起来。

一个年轻人抢着拿起铁锤，拉开架势，抡起大锤，全力向那吊着的铁球砸去，一声震耳的响声，那吊球却丝毫不动。他就用大铁锤接二连三地砸向吊球，很快他就气喘吁吁。

另一个人也不示弱，接过大铁锤把吊球打得叮当响，可是铁球仍旧一动不动。

台下逐渐没了呐喊声，观众好像认定那是没用的，就等着老人做出什么解释。

会场恢复了平静，老人从上衣口袋里掏出一个小锤，然后认真地面对着那个巨大的铁球。他用小锤对着铁球“咚”敲了一下，然后停顿一下，再一次用小锤“咚”敲了一下。人们奇怪地看着，老人就那样“咚”敲一下，然后停顿一下，就这样持续地做。

10 分钟过去了，20 分钟过去了，会场早已开始骚动，有的人干脆叫骂起来，人们用各种声音和动作发泄着他们的不满。老人仍然一小锤一小锤不停地工作着，好像根本没有听见人们在喊叫什么。人们开始忿然离去，会场上出现了大块大块的空缺。留下来的人们好像也喊累了，会场渐渐地安静下来。

大概在老人进行到 40 分钟的时候，坐在前面的一个妇女突然尖叫一声：“球动了！”霎时间会场鸦雀无声，人们聚精会神地看着那个铁球。那球真的以很小的摆度动了起来，不仔细看很难察觉。老人仍旧一小锤一小锤地敲着，人们好像都听到了那小锤敲打吊球的声响。吊球在老人一锤一锤的敲打中越荡越高，它拉动着那个铁架子“哐、哐”作响，它的巨大威力强烈地震撼着在场的每一个人。终于场上爆发出一阵阵热烈的掌声，在掌声中，老人转过身来，慢慢地把那把小锤揣进兜里。

老人开口讲话了，他只说了一句话：在成功的道路上，你没有耐心去等待成功的到来，那么，你只好用一生的耐心去面对失败。

二、“爹，转弯啦！”（习惯人生）

很多年前，一个小地区里的居民说起话来没有一个不口吃，走起路来没有一个不瘸腿的。更奇怪的是，这两种缺陷竟然被视为才能。一个外地人看到了这种弊端，一心以为这儿的居民必定羡慕他正直走路的方式。于是他按照人类通常走路的方式，不瘸不拐，昂首挺胸。当地人都停下脚步来看他，谁看了都笑了起来，并大声地说：“教教这个外地人该怎样走路吧！”

这位外地人认为有责任驳斥他们：“是你们又瘸又拐，不是我。”他高呼：“你们必须戒除这种不雅的习惯！”当地人一听到他这样说话，就更起哄。因为他说话居然也不口吃！在这个地区，无论他走到哪里，他都会受到嘲笑。

一根小小的柱子，一截细细的链子，拴得住一头千斤重的大象，这不荒谬吗？可这荒谬的场景在印度和泰国随处可见。那些驯象人，在大象还是小象的时候，就用一条铁链将它绑在水泥柱或钢柱上，无论小象怎么挣扎都无法挣脱。小象渐渐地习惯了不挣扎，直到长成了大象，可以轻而易举地挣脱链子时，也不挣扎。

驯虎人本来也和驯象人一样成功，他让小虎从小吃素，直到小虎长大。老虎不知肉味，自然不会伤人。驯虎人的致命错误在于他摔了跤之后让老虎舔净他流在地上的血，老虎一舔不可收，兽性发作，终于将驯虎人吃了。

小象，是被链子绑住；大象，则是被习惯绑住。

虎曾经被习惯绑住，而驯虎人则死于习惯，因为他已经习惯地信任：他这只老虎不吃人。

习惯可以绑住一切，只是不能绑住偶然。比如那只偶然尝了鲜血的老虎。

“习惯成自然”，习惯会使我们把从小看惯了的缺陷变成美好的事情，外人欲使我们纠正自己的陋习，即使不是枉费心思，也要颇费心思了。

有人请教发明大王爱迪生，问他：“成功的第一要素是什么?”爱迪生想了很久，才说：“对大多数人而言，他们一直在做一些事，惟一的问题是，他们做很多很多事，而我只做一件。你整天都在做事，不是吗?每个人都是。假如你早上 7 点起床，晚上 11 点睡觉，你做事就做了整整 16 个小时。假如你们将这些时间运用在一个方向、一个目的上，你们就会成功。”

成功是一种习惯，一种思考习惯与行为习惯。美国哈佛大学前校长的伊勒阿特有句名言：“成功的习惯其本身就是成功的最大原动力。”

事实上，成功与失败的最大区别，就来自不同的习惯。好习惯是开启成功的钥匙，坏习惯则是一扇向失败敞开的门。

一般而言，习惯是生活的累积，是能够刻意造成的，因此人人都掌握有创造幸福的力量。有一些孤独的人刻意鼓起勇气去做一些事，以克服他们的孤独。他们将良好而称心的东西分给别人与人共享，在这过程中同时也找到了克服孤独的方法。我对习惯有很深的感受。不管是我身上的一切好的、优秀的东西，还是我身上一切不好的、失败的东西，都来自于习惯；一个人的品格和能力，多半也都是习惯。是习惯，使身体自动地在做事，是习惯，在打造人的第二天性。

有位记者采访了几位诺贝尔奖获得者。记者问他们，“你们获得诺贝尔奖，首先感谢的是何人?”人们以为诺贝尔获奖者一定会报上他们的导师的大名，谁知道这几位获奖者一致认为，应该感谢幼儿园的老师。幼儿园老师培养了他们讲卫生的习惯，对人讲礼貌的习惯，诚实勇敢的习惯，自己的事自己做的习惯，用完东西放回原处的习惯，知错就改的习惯……这些习惯，是他们一生最大的财富。媒体上也曾经热烈地讨论一个问题，即“让我们回到幼儿园”，其实也就是回归到幼儿园里所养成的习惯。

中国有句谚语叫：“习惯成自然。”希腊哲学家亚里士多德也说过：“优秀是一种习惯。”

勤劳能成为一种习惯，懒惰也能成为一种习惯。不知大家有没有感到，当你睡觉越来越多的时候，你每天都想多睡觉。中国有一句谚语：“越睡越懒，越坐越瘫”，就是坏习惯的作用。

美国的科学家曾经做过一项研究，发现一个习惯的养成只需要21天的时间。这个21天是个平均数，但是习惯一旦养成，就会终生受用。就我自己来说，我养成了一个写日记的习惯。我觉得这对我的帮助特别大，又轻松，又受益，一点也不苦。当然，如果它有些难的话，只是在开始培养习惯的那段时间。但吃了一时苦，换得终生甜。

所以，我建议大家每天培养一些好习惯，哪怕很小，坚持下去，你一定会受益无穷，你的整个生活都会改变。比如，每天坚持读10页书，每天坚持写一篇日记，每天坚持背5个单词，每天坚持做一件好事，每天比别人少睡10分钟，每天比别人多学习10分钟……坚持下去，养成习惯，你的学业不能进步，你的事业不能成功，就来找我!

有了成功的习惯才会有成功，这个道理，看似微不足道，实则十分重要。试想，一个爱睡懒觉、生活懒散又没有规律的人，他怎么约束自己勤奋工作？一个不爱阅读、不关心身外世界的人，他能有怎样的胸襟和见识？一个自以为是、目中无人的人，他如何去和别人合作和沟通？一个杂乱无章思维混乱的人，他做起事来的效率会有多高？一个不爱独立思考、人云亦云的人，他能有多大的智慧和判断能力……

好习惯实际上是好方法——思想的方法、做事的方法。培养好习惯，即是在寻找一种成功的方法。

人常说："先做对，再做好。"培养好习惯就是"先做对。"

研究表明，人的日常行为中，70%以上是由无意识的习惯支配的。天是习惯盖，地是习惯底，不把心突破，困在习惯里。可以说，习惯之道就是自然之道、成功之道。

实际上，习惯已成为成功学的重要手段和发展方向，习惯也是企业管理的最新发展领域。为此，已有各种有关习惯书籍出版，有人专门创立了"习惯领域学"，有人建立网站传授"习惯之道"。只要认识习惯，研究习惯，建立习惯培养的方法和体系，借助好的工具，习惯的养成实际上并不是特别困难的事。

习惯的培养，非几句话能够讲得清楚。简单的讲，习惯的培养，是一个系统变迁行为改变的渐进过程。首先需要的是思想的反思突破，改变决心的确定，塑造利于改变的环境或氛围，计划的订立和执行，同时借助于一些方法工具，再加上意志力，30 天基本上就可确立一项习惯了。之后，习惯就可以替你掌控新的生活了，你就可以开始享受习惯所带给你的乐趣了；能够坚持 30 天就可让你轻松持续 3 个月，能够持续 3 个月就可以持续一辈子。

父子俩住山上，每天都要赶牛车下山卖柴。老父较有经验，坐阵驾车。山路崎岖，所以眼神好的儿子总是在要转弯时提醒道："爹，转弯啦！"

有一次父亲因病没有下山，儿子一人驾车。到了弯道，牛怎么也不肯转弯，儿子用尽各种方法，下车又推又拉，用青草诱之，牛始终一动不动。

到底是怎么回事？儿子百思不得其解。最后只有一个办法了，他左右看看无人，贴近牛的耳朵大声叫道："爹，转弯啦！"

牛应声而动。

牛用条件反射的方式活着，而人则以习惯生活。一个成功的人明白如何培养好的习惯来代替坏的习惯，当好的习惯积累多了，自然会有一个好的人生。

要成功意味着要培养良好的习惯，成功与失败的最大分别来自不同的习惯。在我们决定向成功迈进的第一个月里，我们应该培养一个好习惯——立刻行动！

为什么要强调"立刻行动"呢？因为人们对于成功的渴望一般分为两种，其中一种是虚假的。怀有这种虚假欲望的人不停地告诉家人、上司，甚至自己，他真的渴望成功，他阅读所有找得到的关于自我帮助一类的书籍，从阅读别人成功的事迹中得到慰藉。遗憾的是，他从来不能身临其境，而只是在想像中参与成功的生活和行为。他像看客一样，只看不做，当然也绝对不会取得真正的成功。

对这类幻想家来说，明天才是最伟大的日子。然而明天永远不会来临！

为了杜绝这种事情的发生，一个真正想成功的人应该随时反省自己：要做的事情有没有做？如果没有的话，那么马上开始做——立刻行动！

经过多次重复以后，一种看似复杂的行为就变得轻而易举了，实行起来，就会有乐趣。有了乐趣，出于人之天性，人们就更乐意常去实行。于是，一种好的习惯便诞生了。

写下你的想法。

先写下你的想法，也就是写下你想要追求的目标——得到什么样的结果，通过什么样的方式，准备花多少时间……如下：

姓名：(你的姓名)

日期：

目前的状况：工作、职位、收入……

期望的状况：

多长时间达到：

好了！签上名吧。把它放好，对谁也别说。现在就开始行动，拖延是最要不得的习惯。

下面以一个经销商从事完美事业为例，做一个详细的阐述：

姓名：×××

日期：2011……

目前的状况：某公司业务员；月收入3千；储蓄为零。租房。未婚。健康状况良好。

期望的状况：一直保持健康的体质；购置一套140平方米左右的公寓，在老家为父母买一套房，每年有两月时间可以去各处拜访亲朋好友。

多长时间达到：4年。

一切都是从相信开始的。

相信自己的智慧。相信自己的眼光。相信完美。一个企业之所以成功，首先是企业家做人的成功；而企业家做人要成功，关键是做一个“有好习惯的人”。因为成功只青睐“有好习惯的人”。

做人的好习惯之一，就是善于为他人考虑。有个故事，讲的是英国王室为了招待印度当地居民的首领，在伦敦举行晚宴，由温莎公爵主持。宴会上，达官贵人觥筹交错，相与甚欢，气氛融洽。可就在宴会快要结束时出了这么一件事：侍者为每一位客人端来了洗手盘，印度客人们看到那精巧的银制器皿里盛着亮晶晶的水，以为是喝的水呢，就端起来一饮而尽。作陪的英国贵族目瞪口呆，不知如何是好，大家纷纷把目光投向主持人。温莎公爵神色自若，一边与众人谈笑风生，一边也端起自己面前的洗手水，像客人那样“自然而得体”地一饮而尽。接着，大家也纷纷效仿，本来会造成的难堪与尴尬的局面顷刻改变，宴会取得了预期的成功。当然也正是温莎公爵这一“善为他人考虑”的好习惯使英国国家的利益得到了进一步的保证。

企业界也流行着这么一句话：“做事先做人”。可是在企业现实日常经营活动中又有多少人真正做到了“先做人”呢？据美国一项统计资料显示，自行创业的中小企业中，有40%的小老板，在创业的第一年就不得不面临关门的命运。而存活下来的60%中，约有八成无法欢度五周年庆。更令人惋惜的是，能够熬过5年的中小企业主，其中只有20%能继续走完第二个五年。为什么创业启动那么容易，而创业成功后，守住成功却那么难？其中有一个主要原因就是创业者的“做人的习惯不好”，因为在我这些年与企业打交道的生涯中，见过很多在“习惯问题”上决定了成败的企业家。

那么，什么是一个企业家的“做人的好习惯”呢？我在这里转述

《经济导报》一个知名记者的报道，相信会对每个朋友都有所启发：

有言必行

记得那是在1990年，青岛海尔集团（当时它还不像现在这样名声大噪）在北京人民大会堂举行一个新闻发布会。我那时是科技日报的记者，会后向海尔总裁张瑞敏提出想采访他，他马上答应了。我当时看他在会场上太忙了，也没再去约他。没想到中午吃饭时一位海尔人来找我说，张总已安排好与他共进午餐时访谈。我们谈得很投契时，张总邀请我来青岛，我当即答应一周后从行。但后因另有安排而耽误了这件事。可又让我没曾想的是，一周后，海尔办公室的一位同志打来电话给我，说张总已腾出时间等我来青岛。顿时让我内疚不已……

这次"失约"直到10年后我才兑现。2000年我受在海尔集团举办的"成功企业研讨会"之邀，到青岛讲学。此时的海尔集团已是赫赫有名，也就是在这次研讨会上的一个细节，让我从另一个视角有了重新认识海尔的机会：我还没有讲演前，看到海尔国际培训中心的服务员在向每位来宾的课桌上分发记录纸。我站在台上看去，只见洋洋600多人的课桌上，记录纸摆放的纵看成线、横看也成线。我当时问服务员，你们是怎么样摆的这么整齐？她们说，严教授，这就是我们海尔的OEC（日事日毕、日清日高）管理。为练就这个功夫，我们开始是用木匠的标绳比着摆，熟练后不用标绳也行，日积月累，习惯也就成自然了。

真是企业如人，有什么习惯的企业家，就会有什么样的企业和员工。正所谓"上有所好，下必甚之"。可以想像得到，当年张瑞敏能够那样认真落实地对待一个记者的约见，同样他也会把这种"认真落实的好习惯"贯彻到自己的企业管理之中。其功夫，正像张瑞敏本人所说的“把简单的事情做得不简单，将容易的事情做得不容易”！

顺便提一下，10年前那次“失约”，是因为当时苏州的一位著名的电器企业老总也邀请我去他的企业采访。可等我从北京赶到苏州时，这位“盛情邀请”的老总却以各种太忙的理由，让我白白等了一个星期连面都没见上，却耽误了去海尔的行程。不过，如今这家企业早已不存在了……

有诺必果

与北京联想集团董事局主席柳传志的认识，始于20世纪80年代中对他公司刚创业时的采访，后来我下海创办了一家商务咨询公司后就失去了联系。一次，我去北京一家大酒店参加一个研讨会时，很偶然地在电梯里遇上了柳总。就在乘电梯那么一会儿的功夫，我们相互问候了一下，接着我说了几句对联想服务的看法，他立刻承诺让分管部门找我研究研究。我原以为这句“研究研究”，也只是一句托辞。心想，我现在的公司初创伊始，他已经是IT企业著名的大老板了，早已今非昔比啦！所以并没有在意。但很快，联想电脑公司的服务部经理就来找我，召集公司的相关人员专门用了一下午的时间，向我咨询如何运用CS（顾客满意）经营，解决联想电脑的售后服务问题。

由联想的柳总有诺必果使我“联想”到另外一个广东的汽车企业老板。在海尔讲学时他主动邀请我，并承诺在他的企业中全面导入CS经营。我去了，也专程应邀去了他的汽车销售最火爆的华东市场实地考察。可当我发现他的汽车销售形势尽管“一片大好”，但暴露出的服务问题很多，正准备拿出建立服务保障体系的解决方案时……他突然变卦了。

对此，我已经见怪不怪了。因为在我接触过的众多企业家中，有高达80%的人是说话不算话的。这是我们做咨询人的痛苦，不得不经常与一些“董事长‘不懂事’，总经理‘总理不清’，常务董事‘常误事’”的人打交道，这也是为什么我们的企业家成功率很低的根源。20世纪90年代初，我曾帮助两位刚刚起步的创业者策划。当时他们信誓旦旦夸下海口，成功后必有重谢……对这两个企业的初始阶段经营运作、产品新闻炒作，乃至上层关系公关等，我不计报酬地倾注全部的心血和精力。而后，他们也确实成功了，成了两家各自拥有上亿元资产的大集团。但是这两位老总都把当初许下的“海口、信誓”，早已抛到了九霄云外。不过，目前他们又落入了走下坡路的处境。

这两个人的沉浮，其实就是中国商品经济发展早期一些创业者的缩影。当时少数人依靠不讲信用取得了一定的成功，同时又迷惑了一批效仿者，养成了“说话满嘴跑舌头乱承诺”的坏习惯。殊不知，按照经济学的“路径相关”理论：任何企业都有权对其发展道路进行选择。只是你每一步的选择都直接影响着下一步选择的空间。如果你的企业偏爱以不讲信用获取眼前利润的短期行为做导向，就将失去所有的合作伙伴和用户的信任，路只能越走越窄，最终无路可走；而从长远利益考虑重视信用和服务并“习惯好”的企业，时间一长，会随着你的企业美誉度的广为传播和无形信用资产的增值，路越走越宽，直至成功辉煌。

有约必履

1999年5月，沈阳飞龙集团的姜伟总裁邀请我，飞沈阳为其全体销售人员做CS行销培训。我们事先通过传真草签了一份有关培训内容和时间安排及课时费用（包括来去差旅实报实销）的合约。事情完后，飞龙集团照约办理，费用全部付清，一切都是那样自然而然。

可就是这么一件自然而然的事情，发生在同样是东北哈尔滨的一家民营集团老板身上，就“不自然”了。这位老板是在北京中国大饭店通过清华大学的一位教授认识我的，他当时就请我赴哈尔滨为其企业做CS诊断。我们也是按飞龙集团的方式办理，并事先相互在传真合约上签了字。可当我按照合约上的要求做完咨询诊断后，回到北京再给这位“大老板”本人寄去回程火车票时，他却将车票又寄了回来……

这虽是件小事，但是以小见大，“一叶知秋”，说明沈阳飞龙集团之所以能成为闻名全国的企业（尽管它目前正遇到挫折），而哈尔滨的那家企业规模仍然很小，差别就在于两者掌门人的“做人习惯”上。孔子曰：君子中庸，小人反中庸。意思是做大事者必须要按规矩办事，而只有做小事者才没有章法。让我们来看看世界上那些成功企业的“好习惯”吧！

例如，美国的宝洁公司之所以能成为享誉全球的著名国际化企业，仅举一件小事，便可窥见它“做事先做人”的企业信用魅力。20世纪50年代初，一位叫哈良的年青人办了一家公关公司。可开张3周，生意出奇清淡，这时宝洁公司的行销经理亚瑟主动请他做一个市场营销企划，而且他一拿出方案，亚瑟当即就付了款。3年后，哈良的事业越做越大，一天突然又接到亚瑟的电话，问他有没有时间为宝洁公司再做几个重要的企划案。哈良告之，尽管很忙，但一定从命。亚瑟说，那就不用了，真高兴你的生意这么好！哈良放下电话后激动地哭起来，他终于明白了，当初在自己刚起步时，像宝洁这样著名的公司并不是找不到策划高手，亚瑟之所以找他，是为了帮助他。因为亚瑟知道他非常需要这个生意。而刚才亚瑟打电话来也是试探他是否仍需要帮助……

宝洁公司的做法，反映出商业上的一个崇高的信用原则：如果你期待别人信任你、关怀你，你就要主动去取信别人、关怀别人，尤其是不应忘记当初曾帮助过你的人。人与人之间互信互利的商业关系就是靠这点点滴滴的支持建立起来的。

实际上，讲求信用，助人为乐，互信互利的美德本应是我们国家的优良传统和“好习惯”，古而有之。但悲哀的是，当如今美国西点军校都将代表我国60年代助人为乐精神的雷锋画像挂在最醒目之处；当日本的农业部门正在大力推广我国50年代体现互助互信宗旨的“互助组”形式；当英国开始出现一些“公平交易、老少不欺、崇尚诚信、道德经商”的商品专卖店之时，中国企业的信用声誉却越来越在消费者心目中沦丧。由于信用状况普遍低下，企业间的交往就像“麻秆打狼，两头害怕!”但是，正是在这个让大家都感到信用危机的市场上，如果有一家企业重视信用，并有了珍惜声誉的“好习惯”，就必将获得“让大众告诉大众”，花多少钱也难于买到的好口碑。那会一传十、十传百，声名鹊起，从而以良好的美誉赢得了广大用户的信任，走上良性发展的道路。

我们从这位记者列举的他与这些企业巨头的“往事”中可以看到，虽然他列举的都是些与“企业巨头交往”的平常小事，跟这些巨头每天所面对的战略、经营、管理等问题相比，太微不足道了。但是“天下大事必做于细”，这些小事恰恰折射出了他们“因习惯好而得天下”的人格魅力。因为纵使你有天大的本事，也不如有一个好习惯。做“有好习惯的人”，这个道理既简单又朴素，说白了就是：“履行你答应过的、承诺过的、签好约的事情。”

有个故事，说的是一个穷人，很穷，一个富人见他可怜，就起了善心，想帮他致富。富人送给他一头牛，嘱他好好开荒，等春天来了撒上种子，秋天就可以远离那个“穷”字了。

穷人满怀希望开始奋斗。可是没过几天，牛要吃草，人要吃饭，日子比过去还难。穷人就想，不如把牛卖了，买几只羊，先杀一只吃，剩下的还可以生小羊，长大了拿去卖，可以赚更多的钱。

穷人的计划如愿以偿，只是吃了一只羊之后，小羊迟迟没有生下来，日子又艰难了，忍不住又吃了一只。穷人想：这样下去不得了，不如把羊卖了，买成鸡，鸡生蛋的速度要快一些，鸡蛋立刻可以卖钱，日子立刻可以好转。

穷人的计划又如愿以偿了，但是日子并没有改变，又艰难了，又忍不住杀鸡，终于杀到只剩一只鸡时，穷人的理想彻底崩溃。他想：致富是无望了，还不如把鸡卖了，打一壶酒，三杯下肚，万事不愁。

很快春天来了，发善心的富人兴致勃勃送种子来，竟然发现穷人正就着咸菜喝酒，牛早就没有了，房子里依然一贫如洗。

富人转身走了，穷人仍然一直穷着。

很多穷人都有过梦想，甚至有过机遇，有过行动，但要坚持到底却很难。

据一个投资专家说，他的成功秘诀就是：没钱时，不管再困难，也不要动用投资和积蓄，压力会使你找到赚钱的新方法，帮你还清账单。这就是个好习惯。

性格形成习惯，习惯决定成功。养成了成功的习惯，你就可以发现，所有的时间都可以由你掌控，世界是你的。有人之所以没有成功，不是父母，不是社会，不是时代造成的，而是自己造成的。因为没有养成成功的习惯，因为没有成功的信心，因为没有成功的思想。习惯是可以培养的，思想是可以改变的。

三、球王的生命（选择喜欢）

要实现外在的成功必须养成成功的习惯，有因必有果，时间到了自然能成功。种豆得豆，种瓜得瓜。成功习惯在前面已谈得很多，这里就不赘述了。下面我们谈谈途径。外在的成功，如创业、做生意，有两个途径能够实现：要么去做自己热爱的事业，要么去想法热爱自己现在正在做的事业。别无他路，只能在这两点中去选择。纵观所有成功的人，都逃不出这两点。

兴趣是最好的老师，是最初的动力，兴趣是成功之母。调查一再表明：兴趣与成功几率有着明显的正比关系。特别是在设计自己的职业生涯时，务必考虑自己的特点，尊重自己的兴趣，选择自己喜欢的职业。

是什么造就了贝利，造就了历史上最伟大的球王？

显然，数十年刻苦训练、坚毅的品格、非凡的天赋都是贝利成为球王的原因，但最不可或缺的却不是这些。

贝利说："我热爱足球，足球是我的生命！"

执迷不悔的爱恋是推动贝利踢球的原动力，在一种与生俱来的兴趣引导下，贝利步入绿茵场，成为万众瞩目的英雄。年轻时，贝利当运动员；退役后，他做教练，当评论员。贝利以足球为生，足球事业是贝利终生的职业。也正是足球给贝利带来了人生的辉煌。

方正集团的迅速发展激荡人心，集团总裁张玉峰的创业史更是发人深思。张玉峰原是北大物理系的一名普通讲师，僵化的行政体制与计划经济制度压抑了他的兴趣与才能。改革开放之后，张玉峰发现自己原来对经商有着如此强烈的兴趣，于是他果断决策，在一片讨伐“离经叛道”声中下海创办了北大方正公司。长期压抑的兴趣与才能一经释放，便一发不可收拾，短短10年之内，方正公司膨胀了上万倍，创造了巨额财富，成为高科技企业的杰出典范。

做出决定，要么努力热爱你现在正在从事的工作，要么放弃现在的事业，去全心追求你最有激情的工作。兴趣是活动的重要动力之一，是活动成功的重要条件。当其对象指向某职业时，就形成职业兴趣。职业兴趣在职业活动中起着重要的作用。而你的兴趣、动机、感情、价值等倾向性因素对你的职业生涯的适应性都有影响，因而同样应予以考虑，而这些因素中，兴趣所起的作用最大。

首先，兴趣可影响人们的职业定向和职业选择。在求职中，人们常会考虑到自己对某方面的工作是否有兴趣。兴趣发展一般经历有趣、乐趣、志趣三个阶段。从有趣开始，逐渐产生乐趣，进而与奋斗目标相结合，发展成为志趣，表现出方向性和意志性的特点，使人坚定地追求某种职业，并为之尽心竭力。

其次，兴趣还可以开发人的能力，激发人去探索和创造。一个人对某事物感兴趣，会激发起他对该事物的求知欲和探索热情，促使他充分调动整个身心的积极性，使他情绪饱满，智能和体能进入最佳状态，最大限度施展才华，挖掘潜力。

最后，兴趣可以增强人的职业适应性。研究表明，如果一个人对某一工作有兴趣，能发挥他全部才能的80%—90%，并且能长时间地保持高效率而不感到疲劳；相反，如果对某工作不感兴趣，则在这方面只能发挥全部才能的20%—30%，也容易感到疲劳、厌倦。广泛的兴趣可以使人善于应付多变的环境，即使换工作，也能很快熟悉和适应新工作。

美国职业指导专家霍兰德（John L. Holland）著有《职业决策》等书，提出人的职业匹配理论，着重兴趣与职业的关系。他把人的性格划分为六种类型：现实型、调查型、艺术型、社会型、企业家型（又称贸易型）和传统型，认为六种类型反映了对职业经历的总取向。

你在选择职业生涯时，不仅需要知道自己有能力从事什么样的工作，也需要知道自己对哪类工作感兴趣并能满足你的意愿。只有将能力和兴趣结合起来考虑，才可能取得职业生涯的成功。获诺贝尔物理奖的华裔科学家丁肇中说过："兴趣比天才重要"。爱因斯坦说过，兴趣是最好的老师。无论是选专业还是日常生活，都要尽可能以兴趣为导向，才能激发人的潜能，达到事半功倍的效果。兴趣影响你的工作满意度和稳定性，在某些情况下（如不考虑经济因素）甚至具有决定性作用。一般来说，从事自己不感兴趣的职业很难让你感到满意，并由此导致工作的不稳定。

下面讲一讲由迟钝变为天才的帕弗利克的故事：

> 帕弗利克是美国著名的农艺师，在他刚上小学时，同学们可以不费力气地把单个的字母组成音节，并朗读出来，而帕弗利克要花很大的力气才能办到。一首关于美丽的冬天的诗，同学们只需听上一两遍就记住了，可是他却怎么也做不到。久而久之，大家都认为他属于"没有掌握知识的天分"的落后学生。
>
> 但当老师带他们参观生物室时，面对眼前展现出的一个崭新的、从未见过的世界，帕弗利克简直被迷住了。这里的植物他以前都看到过，也很熟悉，可是在每种植物上面都有一种新奇的、不同寻常的东西：西红柿的茎不是分成簇，而

是像葡萄那样攀援或缠绕着向上生长，上面挂满了累累果实；葱头和西瓜差不多大小；黄瓜，真正的大黄瓜，却生长在瓶子里。

这都是怎么搞出来的？这时，他的思想已经离开眼前充满阳光的温室，进入一个奇迹般的世界：要是能够在学校园地里培养出十来棵这样的西红柿该有多好呀！也许它们长成一排，结出的果实就像一串串葡萄那样。可是，这一切怎么好跟大家讲呢？要知道，他的算术不及格，他这么“低能”的人够格幻想这些有趣的事情吗？

在一次植物课上，学生们用多种方法把果树嫁接到野生砧木上去。教师注意到，帕弗利克怎样精细而准确地切开砧木的树皮，剥出括条上的幼芽。帕弗利克从一颗珍贵品种的苹果树上剪下一根长着两个幼芽的树枝，思考着不用嫁接的方法是否能培育出树苗，老师告诉他，这需要很高的技艺。在教师的鼓励下，他的两眼闪烁着兴奋的光芒，他决心自己试验一下。对帕弗利克来说，幸福的日子开始了。经过他的精心护理和细心观察，后来他发现有一半树枝长出了芽苞，并渐渐长出晶莹发亮的树叶……

关于帕弗利克搞试验的消息不胫而走，很快全校都知道了。在这之后，帕弗利克身上的那种胆怯、拘谨、犹豫不决慢慢地消失了。他的求知欲越来越旺盛，他的思维的觉醒、智力的发展、求知欲的增强，这一切都跟植物课能成功地使他展示出自己的天才和创造性的禀赋分不开。帕弗利克自己明白：植物栽培是他能够表现自己能力的领域。他又在温室里和生物天地里试验着、研究着……

帕弗利克中学毕业后，进入了农学院，后来成了一名成功的农艺师。

很显然，是兴趣催发了帕弗利克的智慧之光，使他从一个迟钝的学生成为一个成功的农艺师。

一个人如果能根据自己的爱好去选择生涯，他的主动性将会得到充分发挥。即使十分疲倦和辛劳也总是心情愉快。兴趣的强弱可以使你兴致勃勃，也可以使你无精打采，影响着你的精神状态、注意力、思考能力以及你的行动。

兴趣是你力求认识、掌握某种事物，并经常参与该种活动的心理倾向；或者说，兴趣是你积极探究某种事物的认识倾向。你对某种职业感兴趣，就会对该种职业活动表现出肯定的态度，并积极思考、探索和追求。

做自己特别想做的事情，会很有激情，无论是去公司上班，还是白手起家独立创业，只要是自己喜欢的事情，尽管不成功，一生仍会快乐和充实。美国人常说“一旦找到自己喜欢的工作，就一辈子都不上班了”。如果你去上班是一种享受，甚至比下班还开心，还有什么比这更幸福的人生呢？据调查，美国人心脏病发病率最高的时间是星期一的早上 8 点到 9 点，因为，周末的休闲快乐远去了，不得不去上班的恐惧当头而来，造成了心脏病的高发。如果星期一的早上是去做自己喜欢的工作，情况当然会不一样了。对于那些热爱自己工作的人，星期一上午的感觉就正好像别人星期五下午的感觉一样，充满期望、计划和兴奋，恨不得它早点来到。

努力热爱和喜欢自己现在做的事业，是另一种选择，它不仅也能带来成功，还能让人在无可奈何的情况下重拾快乐。尽管人人都希望，目前做的工作正好也是自己喜欢和擅长的工作，但这在现实生活中常常只是一种理想而已。当我们处于现实状态而非理想状态时，决不能在两者之间徘徊而不能抉择。这两条路中，后者是大多数人正在面临的问题。太多人苦恼不安，就是因为无法做到第二点。其实走第二条路成功的人更多，他们也很幸福。很多公司的高级主管、CEO等，开始做的都不一定是自己最喜爱的工作，但他们能够调整心态，有意识地努力喜欢热爱自己的工作，最终获得成功。

四、他为什么这样找工作（开创机会）

A在合资公司做白领，觉得自己满腔抱负没有得到上级的赏识，经常想：如果有一天能见到老总，有机会展示一下自己的才干就好了！

同事B，也有同样的想法，他更进一步去打听老总上下班的时间，算好他大概会在何时进电梯，他也在这个时候去坐电梯，希望能遇到老总，有机会可以打个招呼。

同事C更进一步。他详细了解老总的奋斗历程，弄清老总毕业的学校、人际风格、关心的问题，精心设计了几句简单却有分量的开场白，在算好的时间去乘坐电梯，跟老总打过几次招呼后，终于有一天跟老总长谈了一次，不久就争取到了更好的职位。

愚者错失机会，智者善抓机会，成功者创造机会。

选择一个好机会，有时比努力更重要。开创机会，首先要寻求目标。目标，在一定阶段，一定要明确，在某一个时期不可能同时干好两件事。要学老鹰，意志坚强，锁定目标；一定要能自律，不要今天事拖明天，写好明天要干的6件事，按顺序去完成，每天坚持。

“如果你不知道自己的方向，你就会谨小慎微，裹足不前。”不少人终生都像梦游者一样，漫无目标地游荡。他们每天都按熟悉的“老一套”生活，从来不问自己：“我这一生要干什么？”他们对自己的作为不甚了解，因为他们缺少目标。

制定目标，是意志朝某个方向努力的高度集中。不妨从你渴望的一个清楚的构想开始。

把你的目标写在纸上，并定出达到它的时间。集中全部精力为实现你的愿望去做、去创造、去奉献。制定目标可以带来我们都需要的真正的满足感。

不时重新看看你的目标时间表，如果你认定某个目标应该调整，或要用更好的目标取而代之，就要及时修改。当你达到了自己的目标，或是向它迈进了一步时，不妨庆祝一下。用你所喜欢的任何方式，来纪念那一特殊的时刻，重燃理想之火。

但不应该就此止步。在一个目标达到后，有的人便松懈下来了。正因为如此，今年排第一的销售代表，过段时间可能成为明日黄花。

目标管理要制定计划，下面几点可以参考：

(1) 明确目标叙述。例如：什么时间学会某种技能或知识，什么时间完成两套软件系统等等。

(2) 什么时候要达到这个目标，达到后有什么好处。

(3) 分析你目前处境、现状。

(4) 找出你要遇到的障碍与风险。

(5) 明确你必须的投入和付出。比如：需招收两个学员，成功率只有10%，那就需要找出20个人。

(6) 你必须要积累知识。

（7）找出你需要的帮自己的人。

（8）制定行动计划。

（9）制定实现目标的时间和期限。

（10）设立奖励制度。

有了目标，内心的力量才会找到方向。漫无目标的努力或飘荡终归会迷路，而头脑中的那座无价的金矿，也因得不到开采，而与一堆黄土无异。你过去和现在的情况并不重要，你将来想获得什么成就才是最重要的。有目标才会成功，如果你对未来没有理想，就做不出什么大事来。设定目标后定出中长期计划来，而且还要怀着迫切要求进步的愿望。成功是需要完全投入的。

为了得到人生中值得得到的东西，有必要为你自己树立一些高大的目标。明确的目的加上积极的心态，这是一切成功的起点。当你确定了一定的目标时，另外几种成功原则就会自动产生作用，帮助你实现这些目标。

不少人就算认识到树立目标的重要性，也不知道如何树立目标。要牢记以下三件重要的事：

1. 写下你的目标。当你书写时，你的思维活动会自然的使目标在你的记忆中产生一种不可磨灭的印象。

2. 给自己确定时限，制定实现目标的时间。这一点的重要性在于激励你不断地向目标迈进。

3. 把你的目标定得高一些。达到目标的难易程度与你付出的努力之间有着直接的关系。一般说来，你把你的主要目标定得愈高，你为达到这个目标的努力也就愈激烈。

树立目标后，要勇敢地迈出第一步。一位63岁的老太婆决定从纽约步行到佛罗里达州的迈阿密市。抵达后，记者访问了她：这种长途跋涉的想法是否曾经吓倒过她？她是如何鼓起勇气徒步旅行的？“走一步是不需要鼓起勇气的。”她说，“真的，我所做的一切就是这样。我只是走了一步，接着又走一步，然后再一步，一步一步的，我就到了这里。”是的，你必须迈出第一步，然后一步一步地走下去。否则，不论你花多少时间思考和学习，都不会有所收益。

定了目标，到处都是机会，到处都是可以帮助你的人和事。买过车的人都有一个共同体会，就是开自己新买的车上路时，突然发现，好像满街都是和自己相同的车！以前从未想到有如此多的人选这种车。其实，并不是你买了车，人家才从车库里开出来和你做伴，而是因为你心里有意无意地突然有了目标，才发现它处处存在。这和有了目标后各种机会的出现原理一样。人没有目标就不能成功，有了目标，路自然会向你敞开，各种机会自然呈现，希望的事情也会发生，希望的人也会出现，有时真有左右逢源的感觉。其实这并不是突然时来运转。在你有这个目标之前，这些都早已经存在，只是以前你视而不见。

再神的神枪手，如果没有靶子和目标，再高的才能也不能发挥出来。人也如此，再才华横溢的人，再精明能干的人，如果没有目标，也会一事无成。

美国经济萧条期间，有个人去找工作，可是哪里有工作？而且他只希望去做自己特别想做的事情。于是他研究了一下周围的环境，选中了一家特别想去的公司，但那家公司目前不招人，怎么办呢？他几经思索，想出一个办法：如果他能找出一些办法让那家公司赚更多的钱，公司一定会对他很感兴趣。于是他找到公司的员工了解情况，并查阅了很多资料，阅读了很多书籍，思考研究了目前的市场，还去竞争对手公司了解情况。就这样找出了有效提升该公司业绩的几个办法，并写成一份很漂亮的建议书。然后他去找这家公司的老板，说自己不是来找工作的，他做了很多调研，想到了几个有效的办法能让公司做得更好更赚钱，问老板有没有兴趣谈一谈。老板当然很愿意。因为他有备而来，不是盲目而杂乱无章地去讲故事，而是井井有条，以理服人，针针见血。老板听了非常高兴，说他比公司内部的人都了解情况，找出的问题很对，解决的办法也很实用，马上就录用他了。这个例子说明，每个人都完全可以发挥自己的主观能动性，想出办法，开创机会，进入自己喜欢的行业和公司工作，做自己喜欢的事，而且一进门就能得到老板的欣赏。

如果不能像前面这位先生，去做自己喜爱的工作，那就必须设法热爱你现在正在做的工作。

怎么样才能去热爱你现在正在做的工作呢？我很同意美国著名的演说家安东尼·罗宾斯的说法，就是把苦差事和最大的快乐联系起来。把所有做的事情和你最大的快乐联系起来，你就不总去想它的苦和累了。练健美的人，练的过程是很苦的，但他练的时候心中有一种形象，在别人欣赏他健美肌肉时，在得奖的那一刻。如果没有那种练成后的极端快乐，和被人羡慕的自豪感，如果只有痛苦的过程，他就很难坚持下来。要热爱，引起激情，就必须把枯燥无味的工作、没有意义的工作，和让自己特别快乐和特别想要的东西挂上钩。

把你正在做的事与一种巨大的乐趣联系起来，那么你将会从这件事中开始享受到一种前所未体验过的愉悦。劳动本身是中性的。你去上班、想问题、打电脑、写计划都是付出，都是体力和脑力的消耗。怎么把消耗变成快乐，就是把消耗的过程和终点将会体验到的快乐联系起来，变成同一事情的不可分割的两部分。我常给员工说，你现在做的工作，你也许不喜欢，但是当你进入你这一行的顶尖的5%后，这种成功将会带给你巨大收获，包括物质享受和精神享受。你可以买辆更好的车，换栋大房子，带全家人去国外旅游，去夏威夷的海岸上听浪读书，去法国乡下品酒……而这些结果，你必须跟现在的劳动付出时刻联系起来，那现在做的工作就很有意义了，每天上班的时间也不那么难熬了；而且，每天还会有一种力量、一种激情，推动你攀登人生的顶峰。

古老的阿拉比国坐落在大漠深处，多年的风沙肆虐，使昔日富有灵性的城堡变得满目疮痍。一天，国王将四个王子召集到了一起，对他们说："我打算将国都迁往据说美丽而富饶的卡伦。"

"可是，卡伦距离这里很遥远，要翻过许多山脉，要穿过许多沼泽、草地，还要涉过很多大河，究竟有多远，没人知道。"国王说，"我决定让你们四个分头前往探路。"

四个王子带足了食物不日出发了。

大王子乘车走了8天，翻过四座大山，来到一望无际的草地，他一问当地人，才知道刚过了草地，还要过沼泽，还要过大河、雪山，很远很远，便打马往回走。

二王子策马穿过一片沼泽后，被一条宽阔的大河挡住了去路，望着奔涌的江水，他掉转了马头……

三王子飘过了两条大河，却又走进了一片大沙漠，在茫茫的沙漠中，他搜寻着回家的路。

一个月后，三个王子陆陆续续回到国王的身边，将各自沿途所见报告给了国王，并且都再三强调，他们在路上问过很多人，都告诉他们去卡伦的路很远很远。

过了三天，小王子风尘仆仆地回来了，兴奋地告诉国王："到卡伦的路只需要十八天的路程。"

国王满意地笑了："孩子，你说得很准，其实我自己早就去过了。"

几个王子不解地望着国王。国王说："我只想告诉你们四个字：脚比路长。"

我们不怕目标定得高远，只怕没有追寻的勇气、热情和执著。只要心头时时燃烧着坚定的信念，一往无前地行进下去，就会惊讶地发现：很多所谓的远方，其实并不遥远。

我不相信与生俱来的命运，同样不相信不劳而获的侥幸心理。开创机会，同时也是在寻求真正属于自己的人生机遇，而机遇恰恰是你奋斗成功的必经之路。倘若你忽视机遇，再多的努力，再多的逆境，也不能铸造你成功的丰碑。

A对B说："我要离开这个公司。我恨这个公司！"

B建议道："我举双手赞成你报复！破公司一定要给它点颜色看看。不过你现在离开，还不是最好的时机。"

A:???

B说："如果你现在走，公司的损失并不大。你应该趁着在公司的机会，拼命去为自己拉一些客户，成为公司独当一面的人物，然后带着这些客户突然离开公司，公司才会受到重大损失，非常被动。"

A觉得B说的非常在理。于是努力工作，事遂所愿，半年多的努力工作后，他有了许多的忠实客户。

再见面时B问A：现在是时机了，要跳赶快行动哦！

A淡然笑道：老总跟我长谈过，准备升我做总经理助理，我没有离开的打算了。

其实这也正是A的初衷。一个人的工作，只有付出大于得到，让老板真正看到你的能力大于位置，才会给你更多的机会替公司创造更多利润。

在21世纪，工作方式不断推陈出新，除了学习新的技能及知识外，更得时时审视自己的生存资本及其不足，不断修正自己的目标。一家北京著名的人才测评机构，针对白领族开设了职业发展咨询服务。该公司职业咨询师介绍说，职业发展咨询服务主要能帮助人解决以下几个问题：一是肯定自己的长处，发现不足；二是考察自己是否适应当前的职业；三是发现自己最适合的职业，选择更好的职业；四是了解自己的发展潜力及更为适合的方向，制定适合自己的职业发展规划。今天，越来越多的谋职者开始意识到职业生涯设计举足轻重的作用。规划自己的职业前程，使职业成为有计划、有目的、有现实打算和未来发展方向的事。所谓的职业设计，也就是积极行动开创成功的机遇。

随着人才市场在中国迅速崛起，现已呈平衡发展趋势。但如果稍加留意，就会发现人才需求如今已发生了很大变化，从单一型人才向复合型转化。为了适应人才市场的需要，不少人已重新转轨定位，概括起来就是充实自己、包装自己、推销自己，开创属于自己的人生机遇。充实自己，即用知识文化“充电”，丰富自己的头脑。有个上海师范大学外语系毕业的大学生，英语好，口头表达能力也强，但她不满足已掌握的知识，还利用工作之余学习日语，学习电脑、文秘、公关等，经过努力，她实现了一专多能，成为复合型人才。她找到了称心如意的工作。

有的大学生在学校里学的专业到社会上不“吃香”，他们走上工作岗位后就做了及时调整。有位大学生在校学的是图书管理专业，分到某单位后觉得不“热门”，便自学国际金融专业，准备读完后再“跳槽”。像这种情况不仅在大学生中存在，在中年人才中也不鲜见。他们认为自己所在单位效益不太好，或者工作不理想，便纷纷自学，为今后“跳槽”作准备。还有一些尚未毕业的大学生，为了与人才市场接轨，主动到企业实习，把自己所学的专业知识和实际紧密结合起来，提高其工作能力。复旦大学有位女大学生，开始到大宾馆学公关，接着又到一家商场学营销，后来到一家企业学管理，从而找到最佳角色。还有很多学生尚未毕业就提前到人才市场来了解需求，很有超前意识。

除充实自己外，不少求职者还注重“包装”自己。俗话说：“佛要金装，人要衣装。”许多进入市场的人才是很注意“包装”自己的。男的大多西装革履、衣冠楚楚，女的大多衣着时髦、光彩亮丽、引人注目，他们的外表给人留下良好的第一印象。同时他们举止文雅，谈吐得体，在向招聘单位介绍自己的简历时清楚明白，重点突出，显示出良好的修养和气质。尔后，还郑重向招聘单位交上自己的文凭、职称、简历材料，供用人单位参考。切不可小看这些“包装”，这是人才进入市场所必需的。像推销商品那样向用人单位推销自己，是求职者实现自己目标的重要手段。

不言而喻，人才在推销自己的过程中，不仅是增长才干，提高自己，让用人单位认识和了解自己的过程，同时也是自我开创机遇的过程。在人才市场上，我们经常可以看到，有的原来比较内向腼腆的小姐或不善言辞的先生，通过多次交谈，较快提高了自己的口头表达和公关能力。有的外语专业人才通过用外语直接与招聘者对话，很快让对方了解自己的外语水平，甚至被当场拍板录用。推销自己的作用和效果是显而易见的。

由此可见，发现机会，需要观念和智慧。如何抓住机会呢？以下提示可供参考：

抢先一步，领先一路。

强占制高点，就是成功。

二勇相争智者胜，二智相争先者胜。

过去大鱼吃小鱼，现在快鱼吃慢鱼。

投资不大，搏一搏，当做练兵。

风险不大，试一试，当做学习。

抓住机会，还需要勇气和胆略。敢想多数人不敢想的问题，敢做多数人不敢做的事。如何把握机会呢？以下提示可供参考：

对事业：认认真真做事，诚诚实实做人

对朋友：幸福自己争取，不要别人给予

对人生：岂能尽如人意，但求于心无愧

对自己：设定远大目标，争取早日实现

对技能：复制成功经验，不断学习实践

对机会：只想如何成功，不找失败理由

对团队：培训学习激励，积极向上凝聚

对困难：善于思考解决，坚持追求梦想

把握机会，需要信念和毅力。那些习惯犹豫、观望、等待者，应常提醒自己：犹豫者没有机会，观望者丧失机会，等待者永无机会。机会属于强者和智者。

弱者失去机会，愚者等待机会，智者善抓机会，强者创造机会。

总之，成功是一个决定、是一种选择，不是因为没办法的无奈，而是自己作出的决定！做出决定，制定终身，选择成功。

朋友们，用全身心去争取你的梦想吧！

第四天
Day IV

Happiness is the quality of your journey every single day... if not me, who? If not now, when? ... The King is puzzled by 3 questions...

今天=今生…… 国王也有三个疑问……

前面谈了很多，都是关于为什么人要努力成功，和如何取得成功。但现实生活中，成功的人毕竟不多。还有很多人正在通往成功的路上汗流浃背。没有成功，或尚未成功的人，又该如何获得人生的满足，实现人生的价值，不虚度此生呢？其实，没有得到，或尚没有得到成功带来的财富的人生，也是可以过得充实和幸福，也是可以灿烂辉煌的！因为，人生的成败虚实，取决于人每一天生活的质量；而这生活的质量，又取决于每一天的思维和心态；而每一天的思维和心态，是每个人都可以控制和选择的。所以，在没有或尚没有成功带来的财富时，是否尽情享受和热爱今天的每一刻，也是任何人都可以决定和选择的。

金钱只是手段，只是方式，幸福才是生活的最终目的。很多赚钱多的人过得很累，因为钱并没有直接蕴涵幸福。而有的人虽然不富，但精神上的幸福却令人羡慕。

亚伯拉罕·林肯曾经说过："我一直认为，如果一个人决心获得某种幸福，那么他就能得到这种幸福。"人与人之间原来只有微小的差异，但这种微小的差异却往往造成巨大的差异。造成这种差异的正是你的心态。为自己寻找幸福的最可靠的办法之一，就是竭尽全力使别人幸福。

这里有一个真实的故事。美国一个成功的畅销书作家，每次别人给他打电话，他都会在开头说一大堆没关系的话题，心情总是很愉悦，有时还会在电话里唱唱歌，哼些小曲。别人问："为什么我每次打来电话你都那么快乐，难道你从没有忧郁的时候吗?"他回答说："我今天这么快乐，是因为很多年前我做了个决定：我的下半生要快乐地度过。"

其实这个决定一点都不难，不复杂，每个人都可以决定。今天＝今生。每个"今天"的快乐，就保证了你"今生"的快乐。不是吗?

曾经看过这样一部家庭生活连续剧。故事里的夫妻是忽而缠绵缱绻，忽而横眉冷对。这天，男人带一位朋友回家，一进门就挨了女人一顿恶吵。男人却一点儿也不生气，平静地为朋友倒水泡茶。

"你涵养真好。"朋友笑道。

"不是涵养好不好的问题。"男人说，"我上午去了一趟太平间，面对死亡，我忽然觉得连痛苦都算得上是一种享受。至于能听到妻子吵架，简直就是一种幸福了。"

看到这里，我的心不免一颤。这是怎样一种简单而又深刻的逻辑啊！我们常常感叹生活的艰辛、生存的烦恼和生命的缺憾，却不曾想到，只要还系着一个“生”字，我们就已经承蒙着命运万分的恩宠了。

然而人们却常常感觉不到这些琐碎的历程中所蕴含着的快乐和幸福。生命是一片沃土，我们却总感到各种各样的肥料有些肮脏；生命是一道大菜，我们却总尝到有些作料不免刺舌；生命是一件华衣，我们却总是看到几种颜色有些扎眼。我们总是觉得不满意，常常感到沮丧和失望，却从没有想到，当你垂老暮年的时候，这些看似艰难、坎坷和不顺的事物，原来是多么的珍贵和可爱。

人是世界上惟一能做出“我要幸福”这个决定的动物。一头牛、一只狗、一只青蛙，它们的快乐都是由环境主宰的。很多人不能控制自己的低落情绪和沮丧郁闷，任其泛滥，多数时候是因为他们从没有作出“我要快乐一生”的决定。这个观点对我自身的影响很大。人生是可以改变的，是可以选择的，包括快乐，包括幸福。就看你想不想去选择，要不要作出决定。

第四天，选择幸福。

一、到地球度假
（理解幸福）

两个墨西哥人沿密西西比河淘金，因为一个认为去俄亥俄河可以淘到更多的金子，一个认为去阿肯色河发财机会大，于是他们在一个河叉分了手。

10 年后，去俄亥俄河的人果然发了大财，在那儿他找到了大量的金沙，发了财，于是建起了码头，修了公路，使他落脚的地方成大集市。现在，俄亥俄河岸边的匹兹堡市商业繁荣，工业发达，无不得益于他的拓荒和早期开发。

而去阿肯色河的人似乎没有那么幸运，自他们分手后便没了音讯，有人说他已葬身鱼腹，有人说他回了墨西哥。

50 年后，一个重 2.7 公斤的自然金块在匹兹堡引起轰动，人们才知道这块全美最大的金块来自阿肯色，是一个年轻人在他屋后的鱼塘里拣的。从他祖父留下的日记来看，这块金子是他祖父扔进去的，“我宁愿看到它扔进池塘里荡起的水花，也不愿眼睁睁望着大自然赠予我们珍贵的宁静和自由从我眼前消失，我愿与更多的人分享”。

对于这个故事中两个主人公谁更成功的争论从此不休，选择富甲一方的现实传奇，或是在恬淡中享受生命、享受分享的快乐。但有一点是肯定的：他们都掘到了最珍贵的“黄金”——实现梦想，和更多的人共同创造财富。

他们都是幸福的。

一艘货轮在烟波浩淼的大西洋上行驶。一个在船尾搞勤杂的黑人小孩不慎掉进了波涛滚滚的大西洋。孩子大喊救命，无奈风大浪急，船上的人谁也没有听见，他眼睁睁地看着货轮托着浪花越来越远……

求生的本能使孩子在冷冰的水里拼命地游，他用全身的力气挥动着瘦小的双臂，努力使头伸出水面，睁大眼睛盯着轮船远去的方向。

船越来越远，船身越来越小，到后来，什么都看不见了，只剩下一望无际的汪洋。孩子力气也快用完了，实在游不动了，他觉得自己要沉下去了。“放弃吧。”他对自己说。

这时候，他想起了老船长那张慈祥的脸和友善的眼神。不，船长知道我掉进海里后，一定会来救我的！想到这里，孩子鼓足勇气用生命的最后力量又朝前游去……

船长终于发现那黑人孩子失踪了，当他断定孩子是掉进海里后，下令返航回去找。这时，有人规劝："这么长时间了，就是没有被淹死，也让鲨鱼吃了……"船长犹豫了一下，还是决定回去找。又有人说："为一个黑奴孩子，值得吗？"船长大喝一声："住嘴！"

终于，在那孩子就要沉下去的最后一刻，船长赶到了，救起了孩子。

当孩子苏醒过来之后，跪在地上感谢船长的救命之恩时，船长扶起孩子问："孩子，你怎么能坚持这么长时间？"

孩子回答："我知道你会来救我的，一定会的！"

"怎么知道我一定会来救你的？"

"因为我知道您是那样的人！"

听到这里，白发苍苍的船长扑通一声跪在黑人孩子面前，泪流满面："孩子，不是我救了你，而是你救了我啊！我为我在那一刻的犹豫而耻辱……"

一个人能被他人相信真是一种幸福。他人在绝望时想起你，相信你会给予拯救更是一种幸福。

另外有这样两个小故事，我一直想与大家分享。

第一个故事：

在一场激烈的战斗中，上尉忽然发现一架敌机向阵地俯冲下来。照常理，发现敌机俯冲时要毫不犹豫地卧倒。可上尉并没有立刻卧倒，他发现离他四五米远处有一个小战士还站在哪儿。他顾不上多想，一个鱼跃飞身将小战士紧紧地压在了身下。此时一声巨响，飞溅起来的泥土纷纷落在他们的身上。上尉拍拍身上的尘土，回头一看，顿时惊呆了：刚才自己所处的那个位置被炸成了一个大坑！

第二个故事：

古时候，有两个兄弟各自带着一只行李箱出远门。一路上，重重的行李箱将兄弟俩都压得喘不过气来。他们只好左手累了换右手，右手累了又换左手。忽然，大哥停了下来，在路边买了一根扁担，将两个行李箱一前一后挂在扁担上。他一个人挑起两个箱子上路，反倒觉得比以前轻松了很多。

把这两个故事联系在一起也许有些牵强，但它们确实有着惊人的相似之处：故事中的小战士和弟弟是幸运的，但更加幸运的是故事中的上尉和大哥，因为他们在帮助别人的同时，也帮助了自己，得到了比别人更多的幸福。

在我们人生的大道上，肯定会遇到许许多多的困难。但我们是不是都知道，在前进的道路上，搬开别人脚下的绊脚石，有时恰恰是在为自己的幸福铺路？

关于幸福的定义，自是众说纷纭。前捷克总统马萨里说：什么是幸福？这就是你有权走到中心广场上，放开嗓子高喊："上帝啊，我们活得多差劲啊！"贫嘴张大民的观点是，"没事偷着乐"是幸福。几米说："幸福就是牛排即将端上桌来的那一瞬间。"林林总总，不外乎盲人摸象般从各个侧面勾画了幸福的侧影。也只能如此，因为幸福是一种感觉。

种种定义虽不完善，却基本说明了幸福的特点：一是即将得到时感觉最强烈，得到后立即服从经济学的“边际效益递减”而且是锐减，正如“妾不如偷，偷不如偷不着”。二是来去匆匆，是“来如春梦了无痕，去似朝云无觅处”。钱钟书先生说快乐这个词的妙处就在于说明“乐”是极快的，幸福又何尝不是如此？三是完全主观，只是由自己向内探求，而不能把希望寄托在别人身上。

幸福观是人生观的一种表现。把人生看做是到地球上的一个长假，是我个人的幸福观和人生观。如果我们把自己的一生当做是到地球来度假，那么我们会想方设法使此行不虚。根据科学研究，生命的起因，可能是地球本身产生的，也有可能是外星的含有生命的尘土落到地球上产生的。我们的生命从无到有，好像是随风飘来的东西。假期都有完结的时候，有回家的时候。到地球来度长假也不例外。当我们的假期度完了，我们要回家的时候，我们在地球的时间就结束了。家，就是那无穷无尽的宇宙。如果我们总是想：到在地球的这一生，只是一个假期，那么其中曾发生过的不愉快的事情，也就不必太认真太在意了。它们无非是给我们的记忆增加一些插曲和逸闻。假期终止时，如果我们能够对自己说：“这一生，我付出了我的所有的爱，我尽心尽力，兢兢业业，我发挥了所有的聪明才智，我没有浪费在世上的每一天，我没有枉来地球走一遭。我活得没有保留，所以我走得没有遗憾。”在我们走的时候，我们就可以带着这一生最充实的记忆和深深的爱和眷恋，结束这个假期，回到我们来的地方——茫茫无际的宇宙。到地球来度假的人生观，是幸福的人生观。

知足长乐，就是不去想自己想要得到而又无法得到的东西，而是要去珍爱已经得到的东西，并加以充分的利用。这才是积极的人生观。爱其所有，不爱其所想有！

人生的功能有二：生存与享受。在生存没有保障之时，物质重要过于精神；生存有了保障后，人的享受就来自于精神。

意大利文艺复兴时期的大艺术家米开朗琪罗，有一次指着手边的顽石说：“我可以看到有一个天使隐藏在里面，我的工作只是把她释放出来而已。”米开朗琪罗一生把全部的精力都发挥在了绘画和雕刻上，可以废寝忘食，无视尘世的诱惑。

达芬奇这位《最后的晚餐》的作者，也为有志于艺术的人留下了一个重要的启示：你如果要成为艺术家，你要牢牢记住很快：“你必须开阔你的心胸，务使心如明镜，照见一切事物、一切色彩。”他还有句名言：“一天日子过的美，可以睡得甘甜舒适；一生日子过的美，可以死得愉快！”

追求美好的生活是我们起初辛苦工作的原因；追求美好的生活质量是我们继续辛苦工作所要坚持的信念。如果有一个女人，她把一生中最重要的事情，确定是要寻觅一位出色的男士作丈夫。那么，有幸成为她丈夫的那位男士，一生中最重要的事情，就不得不是通过自己努力，使太太和孩子过上幸福美好的生活。

幸福美好的生活包括物质和精神两个方面，缺一不可。物质生活是基础，即使家人对它的期望不是很高，也不应放松对自己的要求，应尽最大的努力为他们提供一个美好的生活环境。精神生活是最重要的，它的前提是要求自我树立良好的道德观念和价值观念。太太所希望看到的是，我应该给她的安全感和责任心；孩子所希望看到的，是我树立的榜样。这一切的决定因素都在于我，不能让他们失望，因为我的机会只有一次。

关于人生，东西方文化有不同的观点。一种东方文化认为：人生苦海无边，定的基调是苦，人不要期望幸福，而是需要忍受痛苦，清心寡欲，欲望越少就离痛苦越远。而一种西方文化观点则认为：上帝给每个人生命的同时，就赋予了这个人争取自由幸福的权利，这个权力与生俱来，是至高无上的。也就是说，它认为人生的基调是快乐。不同的人生观导致了不同的生活态度。如果将人生定位于苦海无边，那么，人生下来就是应该受罪，还有什么快乐可言？如果将人生定位是快乐的，那么幸福是从心而生，生活也本就该是积极乐观的了。

什么是一个人贫富的衡量标准呢？是用金钱吗？物质的标准将受到时间的限制。不同时代的物质发达水平不一样，古代不乏富甲敌国之人，可他们的财富在今天看来，是不值一提的。

在我看来，贫富的衡量标准应该有两个指数，一是人力，二是时间。在一个特定的时代里，人力有其特定的价值，可以转换成一定量的物质或者金钱，反之亦然。在远古时代，个人自己的体力就是自己的财富；而在现代，一切个人使用物品都是经过他人加工制造而成的，而这一切都是需用金钱来购买。

人世间最大的财富是人和时间。真正的富裕不是表现在能花多少钱买什么东西，而是能够随心所欲地支配自己的时间。没有财富，个人有时间就可以去创造；没有时间，任何巨大的财富也一文不值。

人力和时间在特定条件下有特定的价值，这又可以用金钱来衡量，而且人力是可以以时间为计算单位的。自己去工作，收入等于或大于自身价值，这份工作就是好工作，反之就不值。

精神生活和物质生活是水乳交融的一样东西，不能把这二者分开而论。从本质上来说，这二者的都是对个人神经系统的刺激。

现代生物学表明，人的任何活动，都会对大脑皮层起到刺激作用，相应地就有一定数量激素产生。这个活动可以是个人嗜好、工作环境、生活习惯等等。譬如说抽烟、赌博、看电影、听音乐、运动、静坐等等。

幸福是个人内心的感受，源于内心的平静，也导致内心的平静。这是首尾相接的一个循环。世人往往在寻求幸福的目标中，忘记了对过程的关注和珍惜，从而失去了幸福，却不知其所以然。

有一首诗写得好：你知道，你爱惜，花儿努力开；你不识，你厌恶，花儿努力地开。是的，花儿总是在努力地开，美好的日子也一天天地流逝，你是笑着面对生活，还是痛苦地挨过每一日？

读过《谁动了我的奶酪》的人，对其主题无不了然：我们处于一个不断变化的时代，必须保持积极的人生态度，主动去迎接挑战。其实此书还隐含着更重要的一层深意：我们要珍惜并看护好已经得到的奶酪，不要在别人还没动你的奶酪时，自己就把它弄丢了，以后再费上双倍甚至多倍的时间和精力去找回来。上升到哲学高度，也就是不要把目的和手段放颠倒了。

在人生中，能始终处理好目的与手段的人不多，就如同很多人过于注重过程反而忘记了结果。其实，幸福与成功就是目的与手段的关系。成功是为了在经济上、精神上得到更大的自由，有更大的能力实现幸福。

我认为，内心的宁静与自由才是幸福。只有当一个人感到内心可以不受外界干扰、自己是完全属于自己的，才能感到幸福。幸福也来自于一种衡量，衡量自己想得到的，与已经得到的比例。它服从不等式原则，也就是说，如果某人认为已得到的大于想得到的，他自然会感到幸福，反之则会痛苦。这种衡量方法，还是很有效的。

作家王小波说过：人应当培养幸福能力。以我的观察，幸福确实是需要能力去体会和把握的。同样一支乐曲，有人视为天籁，三月不知肉味，有人视为噪音，只恨不能夺路而逃。因此，重要的还是培育自己的心灵。让内心祥和畅达，以此观照世界，世间就充满光明。因此，可从下面四条道路努力探求：

首先，人须有感恩的心态。有了感恩的心态，就会懂得珍惜，重视自己的所得，努力从所得中发掘最大的喜悦和满足，使已得到的大于想得到的，从而没有理由感到不幸福。

其次，与人为善。从为他人的奉献中体会自己的价值，实现幸福。比如许多人非常积极地捐献和做义工，因为他们觉得用自己的奉献为他人创造美好环境，是人生价值的体现。

第三，要多用心去体会人生的美好。人生苦短，其中大多数时间又被种种烦恼所充塞。但那些美好的人或事，正如夜空中的星星，使天空更美丽也更真实。在人生的旅途上，只顾低头拉车不可取，抬起头来看路仍然不够，还要放眼看风景，让旅程充满由衷的喜悦和会心的微笑。王小波还说过：一个人只有此生此世是不够的，他还应当拥有诗意的世界。不仅要学会欣赏风景，也要让自己成为美丽的风景。

第四，是学会将工作与生活分清。工作只是生活的一部分，努力不将工作的不快乐带入生活，而是以积极乐观的生活态度投入到工作中。在美国高级管理者中流行的“疏离地参与”（DETACHED INVOLVEMENT）就是此意。现代人所承受的压力是空前的，更要学会从老祖宗的智慧中学会“有所为有所不为”和“以出世之心做入世之事”，否则不仅可能艰苦异常，更可能成为“长使英雄泪满襟”的新例证。

拿破仑说过：我一生中真正感到幸福的时间加起来还不到1小时。“幸福”是一个美好的字眼，许多人在追求它。然而，什么是幸福，人们理解各有不同。就拿我来说吧，儿时，过春节才是幸福，既能得到压岁钱，又能穿上新衣服；既能吃上好东西，又能逛五彩缤纷的灯会。总之，吃好穿好就是幸福。其实，我也觉得这似乎太孩子气了，但对于幸福究竟是什么这个问题，我总感到有些迷惘。读了《幸福是什么》这篇童话后，受到了启发。

> 三个牧童通过共同的劳动，砌了一口井，智慧姑娘代表森林的花草树木和动物们来感谢他们，祝他们幸福。牧童问："什么是幸福？"智慧姑娘要他们自己去弄个明白，十年后再到这里相见。十年过去了，三个牧童果然在小井旁边相见了，他们各自谈了自己的幸福观。当医生的、干杂活的和留在村子里种地的，他们都感到幸福。智慧姑娘听了后说："你们三个人都明白了：幸福要靠劳动，要很好地尽自己的义务，做出对人们有益的事情。"智慧姑娘一语道出了幸福的真谛。

《红楼梦》里锦衣玉食的贾宝玉幸福吗？他最终自己都觉得那种"幸福"难熬，撒手出家了。为什么不同的人对幸福有不同的看法呢？反复思索，我悟出一个道理：人生观决定个人的幸福观。怎样看待幸福，关键是我们做一个怎样的人，一生该怎样度过才有价值。

二、要做死去的王妃
（珍惜拥有）

> 有个叫阿巴格的人生活在内蒙古草原上。有一次，年少的阿巴格和他爸爸在草原上迷了路，阿巴格又累又怕，到最后快走不动了。爸爸就从兜里掏出5枚硬币，把一枚硬币埋在草地里，把其余4枚放在阿巴格的手上，说："人生有5枚金币，童年、少年、青年、中年、老年各有一枚，你现在才用了一枚，就是埋在草地里的那一枚，你不能把5枚都扔

在草原里，你要一点点地用，每一次都用出不同来，这样才不枉人生一世。今天我们一定要走出草原，你将来也一定要走出草原。世界很大，人活着，就要多走些地方，多看看，不要让你的金币没有用就扔掉。”在父亲的鼓励下，那天阿巴格走出了草原。长大后，阿巴格离开了家乡，成了一名优秀的船长。

有个人去寻找春天，他穿过丛林，看到枝头的新芽，啊，这就是春天；他走过草场，看到蓝天上和煦的阳光，啊，这就是春天；他寻找到了很多的春天，当他坐下来看看自己的双脚，鞋上也沾满了露水，他恍悟，啊，原来这也是春天，春天跟着自己走了一路……

有个富翁来到海边度假，看到一位渔翁打鱼归来躺在沙滩上晒太阳，富翁问道：“你为什么不再去打更多的鱼呢？”渔翁问道：“打更多的鱼？然后呢？”“你有了很多很多鱼，就可以卖很多很多的钱啊。”“然后呢？”“你有了很多很多的钱，你就可以去海滩度假晒太阳了啊。”渔翁耸耸肩笑道：“你最想做的事，正是我现在正做着的呀！”

“究竟什么才是幸福呢？幸福其实就在你身边啊。不是所有的幸福，只在遥远的将来才能实现。懂得享受现实生活中点点滴滴的乐趣，你自然会觉得很幸福了……”

在一次讨论会上，一位著名的演说家没讲一句开场白，手里却高举着一张 20 美元的钞票。面对会议室里的 200 个人，他问：“谁要这 20 美元？”一只只手举了起来。他接着说：“我打算把这 20 美元送给你们中的一位，但在这之前，请准许我做一件事。”他说着将钞票揉成一团，然后问：“谁还要。”仍有人举起手来。

他又说：“那么，假如我这样做又会怎么样呢?”他把钞票扔到地上，又踏上一只脚，并且用脚碾它。尔后他拾起钞票，钞票已变得又脏又皱。

“现在谁还要?”还是有人举起手来。

“朋友们，你们已经上了一堂很有意义的课。无论我如何对待那张钞票，你们还是想要它，因为它并没贬值。它依旧值20美元。人生路上，我们会无数次被自己的决定或碰到的逆境击倒、欺凌甚至碾得粉身碎骨。我们觉得自己似乎已经一文不值。但无论发生什么，或将要发生什么，在上帝的眼中，你们永远不会丧失价值。在他看来，肮脏或洁净，衣着齐整或不齐整都无关紧要，你们依然是无价之宝。生命的价值，不依赖我们的所作所为，也不仰仗我们结交的人物，而是取决于我们本身!

你们是独特的——永远不要忘记这一点!”

珍惜已经拥有的一切，其实也是减少烦恼的妙方。珍惜自己的拥有，不要与别人过多比较。佛家理论很重要的一条是因果律，即认为万事万物都有前因后果，所谓“有因必有果，有果必有因”。“勿以善小而不为，勿以恶小而为之”，某种意义上这是因果说的最好注解。

悲观主义者看到的是半杯水的一半是没水的，乐观主义者看到的是半杯水的一半是有水的。在生活中，你是在珍惜你所拥有的一切，而好好地享受和热爱生活呢?还是在惋惜你过去失去的一切，为没有得到你梦想的东西而怨天尤人，怨恨生活呢?每个人都在不知不觉之中作出了自己的选择。

美国人常说，挣得越多，享受得越少。虽然事业很成功，却没有好好享受已经拥有的东西。这点是可以理解的，成功的人常常把大部分时间精力都花在了外在成功的努力上，而常常忽视了内心幸福的需求。往往是吃着碗里看到锅里，成功了一步，还想追求更大的成功；赚了一百万，还想赚一千万；开了十家分公司，还想开一百家分公司等等，而忽视了去享受已经拥有的东西。一般成功人的心态都是如此，因而享受不到自己碗里的东西。美国社会强调追求外在物质的成功，要拥有百万千万家产，能全球旅游，拥有私人飞机，住高贵气魄的别墅，汽车越来越顶级……很多人认为只有拥有了这些，才是英雄，生活才够味。可是等做到了这些，立即又想着更大的成功，根本没有停一下来品尝已经拥有的。

曾经听过这样一个故事：一个健壮的少年，成天埋怨自己穷困潦倒，生不逢时。有一天，他遇着一位老翁。老翁问他："我有一件很昂贵的珠宝，换你一条腿，愿意吗?""不!""那么换你一只手或一只眼睛?""不!""既然你全身都是宝，为什么还埋怨自己不富有呢?!"少年恍然大悟，称谢而去，从此埋头苦干，励精图治，终于摆脱贫穷的困扰，得到了他认为最好的东西。

事实上，我们每个人的存在都是一个伟大的奇迹。虽然每个人的生命，下里巴人或唐宗宋祖，都只不过是宇宙大气中之微微一息，但我们每个人都是亿万年来亿万个生命演化的结果，像星星一样拥有闪耀的希望，都可以用自己的双手和智慧，创造幸福，为世界留下最美最亮的烙印。

你注意过蚂蚁搬家的情景吗？一只小小的蚂蚁，凭着一份自信、一份执著，用它细如游丝的臂膀，在地下挖掘一大堆泥土，尔后千万次一粒一粒地把它们搬到巢外的空地上去。

作为同样的一个生命，人不得不为它锲而不舍的精神由衷地感叹：虽然它一无所有，甚至渺小得一阵风就足以把它吹得无影无踪。可它却深深地懂得，既然世界有了自己，就该好好珍惜这个“自己”，有滋有味地生活下去。

人生好比一个旅程，从拥有生命的那一刻起，我们就驮上了一种叫“生存”的使命。也许父母在给我们生命的时候，并没有给我们别的什么；也许生活并不像我们期望的那样一帆风顺，过多的是暴雨雷电，少的是芳草斜阳。但是，只要一息尚存，生命就该鞠躬尽瘁，奋斗不止。

冰心说，不是每一道江河都能流入大海，但不流动的一定会成为死湖；不是每一粒种子都长成参天大树，但不生长的种子一定会成为空壳。

这里再给大家讲一个真实的故事：

> 很久以前，非洲有个农场主，听说非洲大陆盛产美丽的钻石，于是低价卖掉自己的农场，跑遍非洲大陆去寻找钻石矿。但是最后并没有找到钻石、挖到财富，他穷困潦倒而死。然而，那个买他农场的人，有一天无意中在农场的小溪里发现了一些亮晶晶的石头，好奇的他于是捡了一块去咨询专家，专家告诉他，这是一颗世界上罕见的大钻石。他震惊地说：“那条小溪里还有很多同样的石头。”这个故事告诉我们，财富就在自己身边，而很多人却不知珍惜。多数人只想着外面的世界精彩，却没有想到原来自己的世界更精彩，原来自己脚下就是世界上最大的宝藏。

和一个朋友聊到这个故事时，他触动很大。当时他特别想辞职，去做自己喜欢的事情。我说，决定可以有这样的决定，也可以有那样的决定，为什么不能就地开花，非要跑到外面的地方去重新开始，而放弃了曾经数年打拼的天地呢？我们可以在自己扎根的地方重新认识这片天地，做这一行地位最高的、薪水最高的专家，或是这个公司最优秀的人才，或是这个领域最杰出的领头人……

不是每个人都有条件只做自己喜欢的事情。要学会珍惜拥有，也可以从现有的位置开始做。

有位企业家在商场上有着惊人的成就。当他在事业达到巅峰的时候，有一天陪同他的父亲，到一家最昂贵的豪华餐厅用餐，现场有一位琴艺不凡的小提琴手正在为大家演奏。

这位企业家在聆赏之余，想起当年自己也曾学过琴，而且几乎为之疯狂，便对他父亲说："如果我从前好好学琴的话，现在也许就会在这儿演奏了。"

"是呀，孩子，"他父亲回答，"不过那样的话，你现在就不会在这儿用餐了。"

我们常为失去的机会或成就而嗟叹，但往往忘了对现在所拥有的一切表示感恩和珍惜。

穷也好，富也好，只要还在呼吸，我们每天都应该感恩。我常对自己说，我很幸运。因为我知道我今天突然失去成功所带来的一切，我会难过，但我仍会有感恩的心态。为什么？因为我还在呼吸，仍在梦想，还在思考。只要能呼吸，能感受，只要生命还存在，一切还可以重来。记得黛安娜王妃刚死不久，有一次，我问黛安娜的一个追随者："你愿意做死去的黛安娜呢，还是愿意做今天的你?"她的回答让我非常地惊奇："我愿意做死去的黛安娜，我不喜欢现在的我。"她的思维太奇特了，居然有人愿意做死去的王妃，也不愿做活着的小职员！

有一次我和朋友去肯德基吃饭，抬头看到窗上那早已逝去的肯德基的创始人微笑的头像。我说，尽管他的品牌遍布世界，可是，他却已经不在了，看不到今天肯德鸡的辉煌成果。今天，我和朋友还能坐在这里，还能呼吸，还能吃饭，还能活动，还能思考，还能畅谈人生的梦想，这一切都让我为拥有此时此刻感恩不尽。不管一个人曾经是多么伟大，多么富有，如果没有了生命，他是怎么也无法和我们仍在呼吸的人相比。活着的任何一个人，哪怕是自以为最穷最卑微的人，也比坟墓里的国王和棺材里的亿万富翁幸运一万倍！如果有可能，那些已死去的人一定毫不犹豫地愿用王位和所有的财富，给任何一个活着的人对换位置，哪怕只换一天时间。

所以，我们应该珍惜我们鲜活的生命，珍惜我们眼前的每一天，充分利用每一天，创造属于我们每个人的人生奇观。

有一个著名的高僧，很爱喝茶，每天晚上临睡前，他都会把茶杯倒过来盖在桌上。第二天早上醒来看到茶杯时，又将它反过来。此时他内心充满着感激地说：我还有活着的一天，并没有在睡梦中死去，我太幸福了。这种对生活充满感激，选择幸福的人生态度，值得我们去深思。任何人都很可能在睡眠中死去，或随时遭遇意外。今天，的的确确是最重要的一天，因为这一天也许是我们一生的最后一天。对有的人，不是"也许"，而真的是最后一天。

今天 = 今生！

做你想做的梦，做你想要做的事，去你想要去的地方，成为你想要成为的人，喜欢你喜欢的人！因为你只有一次生命来满足你的愿望。什么人才是最快乐的人？他们是哭过的人，痛过的人，爱过的人，受过伤的人，追求过的人，尝试过的人，充满感激的人……

在深深的海水中，有许多鱼，其中有一条小小的鱼，她感受不到生活在海水里是一件幸福的事，她腻烦了，她向往蓝天，希望有一天可以离开大海，能像鸟一样在天空中自由飞翔。于是她每天浮出海面，向着天空幻想。

那一天，小鱼仍然像往常一样，浮出海面，凝望蓝天，幻想着天空中的一切。突然她看到天空中的一只飞鸟，在无悠无虑地翱翔。她羡慕不已，希望有一天飞鸟能够低下头，看到她，但飞鸟只顾自己飞来飞去，从没有注意到小鱼的存在。

小鱼仍然每天浮出海面寻找飞鸟的踪迹，她没有别的奢求，只要每天能看到飞鸟就是一种幸福，但心里还是幻想有一天能和飞鸟一起在天空中翱翔。

终于，有一天，飞鸟累了，停在沙滩边的岩石上喝水休息。小鱼游了过来，忍不住诉说了自己长时间来对飞鸟的喜爱和羡慕。飞鸟很感动，于是答应小鱼每天到这里来给她讲飞鸟的故事，小鱼非常高兴。她每天如约而来，和飞鸟见面成了她一天必做的事情。

然而，冬天到了，飞鸟要去南方，他最后一次来向小鱼告别。小鱼十分伤心，她不想失去飞鸟的消息，于是做出了惊人的决定：要与飞鸟一起飞向蓝天。

飞鸟很吃惊地问小鱼：“离开海水，你会消失的，你不怕吗?”小鱼坚定地回答：“我怕，但我不后悔，生命总有结束的时刻，只要经历过，就是美丽、就会永恒。”

飞鸟被小鱼的坚定所感动，他们约定第二天，由飞鸟衔着小鱼一起飞到南方。

夜里，小鱼既兴奋又紧张，更有些害怕、迷茫。她高兴的是她的理想终于快要实现，她将飞向她向往已久的天空，亲自体会在蓝天中翱翔的感觉；她又害怕，因为她很清楚她离开海水会有什么样的后果。但她固执地逃避现实，她想："也许一切不会太糟，也许会有奇迹……"

正在她幻想的时候，突然从深深的海底传来哭泣声。

"是谁?"

"我是深海，你每天在我心里游来游去，却从来没有注意到我的存在……"

"在你的心里有太多的鱼，我只是最渺小的一条小鱼，你没有我不会对你有什么影响，而我离开你……"

"不！在我身体里确实有许许多多的鱼，但在我心里的，只有你一条……鱼离开了水，只是肉体死去；而水没有了鱼，连灵魂也不存在了……

请你——留下！

我的深蓝浩淼的心胸怀抱，就是你想永远自由翱翔的天空。

求你——不要离开我！"

听到深海真诚、深情的表白，小鱼惊呆了，她没有想到，自己天天在深海中游动，却没有注意到他的存在和关爱；小鱼沉默了，她开始思考幸福到底是什么?

第二天，小鱼没有去岩石边，她懂得了自己属于深海，而非蓝天。只有在深海之中，她才是自由的小鱼；在深海中，才有自己的蓝色幻想。

她更明白了什么是幸福：幸福就是珍惜。

幸福是一种感觉，你感觉得到，就是拥有；珍惜全部的拥有，你就是一个最幸福的人。

其实幸福就离我很近，或许在你不经意间擦肩而过你也不会知道的。也许，降服并不是一种完美和永恒，而是心灵和生活万物的一种感应和共鸣，是一种生命和过程的美丽，是一种内心对生活的感觉和领悟。就像花朵在盛开的那一刻，秋叶在飘落的那一瞬间，会让你觉得幸福是一种什么感觉……它是发自内心的，而不是别人的评论。真正的幸福和悲伤，只有自己才懂，每个人的幸福含义都是不一样的。

我时常在想，幸福离我有多远？可我却被自己的一个一个的理由给推翻。原来，幸福就在自己的身边：来到这个世界上，就已经是最大的幸福！

时间在不断地流逝，我们都在一天天走着属于自己的人生道路。在我的成长过程中有过辉煌，也领略了其中的种种苦恼。自己在一张白纸上面画下了太多太多的图案。人生不停地在岁月里变幻着、交错着；许多曾经很特别的经历就会在脑子里频频浮现，有很多的东西会像过电影，让你无法停下来……于是只有往前走，有时也会觉得身心特别的疲惫。每当这种疲惫袭来时，我也会想停下来。但每一次，又都能打起精神来，“再战三百回合”，下面这几句我常常用以自励的话，帮了大忙：

如果我今天死去，遗憾和未完成的事太多太多。

谢天谢地我还没死，今天还有机会弥补，此时不行动，更待何时？

黎明已在呼唤，快起床！

倘若星辰一千年出现一次，试想它们出现的那天晚上，该是何等地激动人心。但是，因为它们每天晚上都在夜空中出现，所以我们对它们几乎不屑一顾。

漫漫人生，有多少人因覆水难收而后悔莫及。人，往往是在拥有珍贵的东西时却不懂得珍惜，一旦失去后才觉得珍贵。

“恩爱仇怨两面刀，荣辱成败都为名，春夏秋冬谁能定，风风雨雨总要晴。”珍惜现在拥有的一切，以一颗平常心去面对一切，不要因为一时的愚昧，而失去了所有的幸福。记得作家琼瑶书中有一句：“幸福好短暂，还长着翅膀会飞。”是啊，有时候幸福确实长着翅膀会飞。那要看你怎样去对待和把握它。

别以为幸福是你自己的，倘若你不懂得去珍惜，它便会消失得无影无踪。拥有生命，珍惜善良，慷慨以助人，宽厚以待人，那么，生命就会像花一样灿烂开放。

人常说：“只有成年了，才会懂得珍惜，只有到了老年，才能有资格回忆。”可是为什么不换种角度想一想，如果现在我们就懂得珍惜拥有，那生命将会少了许多懊悔。

人，并不是非要得到许多，有时一束鲜花，一个微笑，一滴真诚的泪水，一句温馨的话语……都足以使人很满足了。

一个朋友给我讲过他这么个经历：

> “五一”在海边游泳时遇到一位年事已高的老人，她睿智的目光，雍容的体态，豁达的心胸，耀眼的精神，让人肃然起敬。谈话间，她坦率地告诉我，医生已给她下了病危通知，活不了多久了。可是她每时每刻欢天喜地。“我必须这样做，没有比拥有生命更值得庆幸的了，要庆祝活着。我又多活了一天。”老人的音容笑貌，如一面镜子嵌在我心底。相形之下，我感到自愧不如。

我们还应该看到，人之美的核心是人的生命美。如果说生命是地球上最美的花朵，那么，人的生命就是这最美花朵中的一支奇葩。

珍惜我们的生命，珍惜拥有的一切，握紧手中的每一份爱，将得到温暖；珍惜拥有的机遇，网住幸运的每一瞬间，将创造奇迹。

仅此一次的生，转眼而逝的今，感天动地的情，千金难求的合……

波兰的莱豪特说得好："不要看到礁石就厌恶海洋，不要因为有死亡就否定生命。"生命是美丽的，它本身就是目的。

三、登月人的妙答
（平衡心态）

从前，有一位尘世中的商人整日忙忙碌碌，并赚得了许多钱。他有一天突然觉得异常的空虚，好像还不如无钱时踏实。于是他选择了一个日子，到山上的一位著名的老禅师处问禅。他很虔诚地向老禅师请教，但老禅师并不理睬他，只是很客气地请他坐下，并亲自给他沏茶。商人看见老禅师一个劲地往一杯装满水的杯子中倒茶，茶水沿杯子的四周完全溢了出来，桌子上、地上都有茶水，老禅师好像视而不见，继续往杯中掺茶。商人越看越着急，便急忙告诉老禅师："杯中有水，无法掺茶。"老禅师回过身来对他说："杯中有水，如何掺茶？你心中有杂念，又如何听禅？"经老禅师这一点拨，他恍然大悟。

要想获得充满和平的心，有一个相当重要的方法，那就是让心灵留下一片空白。所谓的空白，主要是指将忧虑、憎恶、不安、烦躁的情绪消除。能把心中的烦闷向知心朋友倾吐的人，往往是能够把握快乐的人。走到船尾去，把烦恼之事都说出来，然后把它们抛掷到汪洋大海中，注视着它直到它消逝不见。

请听这位先生的遭遇：

……车祸发生时，他正骑着一辆摩托车以 100 公里以上的时速飞驰在公路上，只偏头看了路边一眼，就恢复原来的坐姿，没想到就在他偏头之际，原先在前头的大卡车出人意外地煞住了。他只有一秒钟应变，情况万分危急。为了保命，他闪电似地压下摩托车把手，侧倒滑进卡车之下，此刻油箱盖蹦跳开来，悲剧就此发生。箱里的汽油溅出来并为火花引燃。待他苏醒过来，已是躺在医院的病床上，全身灼痛不能动弹，呼吸困难。四分之三的皮肤三级灼伤。但他没有放弃求生意志，挣扎着活过来并重振自己的事业。不久他又遭到另一次打击：所搭飞机失事，自腰部以下终身瘫痪……

在每个人的一生中，必会有一次重大的挑战，在那时刻整个人彻头彻尾地接受考验，仿佛上天亏待了我们。那时刻我们的信仰、信念、耐心、同情心、毅力被逼到几乎放弃或根本放弃的地步。有些人通过了这等考验，成为勇者；另外一些人却被毁灭。不知你可曾想过，当人们面对人生的挑战时，是什么让不同的人有不同的反应？我曾苦思，想找出某些人异于同侪的原因。是什么造就出一位领导者？一位成功者？为何有许多人能无视各种困境，过着快乐的人生？而另外一些人终日过着绝望、愤世、沮丧的生活？

我再跟各位谈谈另一个人的故事，看看他与前一个人之间有何差异。这位老兄的情况似乎光彩多了。

他是一位腰缠万贯、才华横溢的艺人，拥有广大的崇拜者。

22岁时，他就跻身于著名的纽约第二市立剧团，是最年轻的成员。没多久，他就成为剧团中的台柱。很快地，他在纽约一次重要的演出里一炮而红，成为20世纪70年代最伟大的电视演员之一，进而成为全国家喻户晓的电影红星。同时他又跨入歌唱界，亦同享盛名。他有成打的名人朋友，美满的婚姻，华丽的豪宅。人所要的，他一样都不缺……

试问，上面这两个人让你挑，你选做哪一个？很难想像会有人舍弃后者而选前者。

但是让我再说下去。前者是我所认识最活跃、坚强、成功的人士之一，他的名字叫做米切尔，目前还活得好好的，住在科罗拉多州。自从那次车祸之后，他体验到的成功与喜悦，远超过大多数人一辈子的经历。如今，他结交了许多在美国最具影响力的人士，事业成功使他成为百万富翁，甚至于他不顾脸上的恐怖疤痕，还去角逐国会席位。你可知他的竞选口号：“把我送入国会，我不会是另一张俊脸！”今天，他拥有一位不寻常的红粉知己，并且他还兴致勃勃地竞选科州的副州长。

后者是一位美国大众熟悉的人物，曾带给人们无数的欢乐时光。他的名字是约翰·贝路希，当代最著名的明星之一，是20世纪70年代娱乐界最成功的故事之一。他丰富了无数人的生活，但却不包括自己。在36岁时，他死于“古柯硷和海洛因的急性中毒”。当噩耗传来，大家都不敢相信他已变成一个浮肿、药物滥用到无法自拔的人，老得跟他的年龄毫不相称。的确，他在外表上，是应有尽有；但在内心里，已经空虚多年。

在我们周围经常会看到类似的例子。

你可曾听过皮特·斯特拉德威克其人？天生没有双手双

脚，但却成为一位马拉松的跑者，至目前共跑了4万公里。相信你也必知道海伦·凯勒克服盲聋哑，而学有所成，成为美国上个世纪最有名最受推崇的女性。再看看坎迪·莱特纳，女儿被一位酒后驾车者辗过致死，她强忍内心痛苦，呼吁成立了“反对酒后驾驶妈妈协会”，每年免去成百上千的人士失掉生命。但在相对的另一端，像玛丽莲·梦露及海明威，生前掌声无数，结果却以自杀了却一生。

在此我要问：富有与贫乏有何差异？能与不能分别何在？为与不为结果有何不同？为何有些人能冲出极凶险的逆境，高奏人生凯歌？为何有些人，虽环境优渥、才华不缺，人生却变成一场灾难？为何有人能把考验化为助力，使其前进；有人却通不过这个考验，以致困顿终生？米切尔和贝路希之间差异何在？是什么东西使他们的人生如此悬殊？

这些问题常年萦绕在我心头。随着岁月成长，当我目睹有些人样样富足，如有令人称羡的工作、广结的人缘、健壮的身体等。我不禁要问，是什么原因使另一些人远不如他们？原来，差别主要在于他们不同的心态及人生观。当我们竭尽心力之后，依然无法扭转乾坤时，你是怎样的想法？其实，你可别以为成功者的问题就比失败者为少，要想没有问题，那只有躺在坟墓里。失败与成功不在于先天环境，而在于我们对它所持的态度和作法。

当米切尔得知他遭到严重的灼伤时，他对此种状况得做一个选择。这伤可能使他致命、痛苦一生。然而他决定：不断地告诉自己，这个事件的发生是有其原因的，并且在未来能助他迈向成功。就是因为这种思想，他建立了信心和信念，即使再遇瘫痪之灾亦复如此，终于把一场人生悲剧扭转过来。

你知道斯特拉德威克怎样成功地跑上标高 4100 米的派克峰吗?那可是一场世界上最艰难的马拉松赛跑，何况他手足全无。很简单，当他在奔跑当中，身体的反应告诉他已经筋疲力竭，无法再跑下去时，他就不断地给自己打气，把坚持跑下去的信息传送到他的神经系统，以迄到达目标。

有人能成功，是因为他能始终维持进取的心境。这就是成败的差异。让我们再回想一下米切尔。发生什么，对他并不重要，重要的是他对此事件所抱持的态度。他无畏于严重的灼伤和接踵而来的瘫痪，而找出一个能让他身处进取心境的方法。人生是好是坏，不由命运决定，而是由人的信念来决定。我们可以用积极心境来看事情，也可以用消极心境。想一想，如果你一直是处于无所不能的心境，你会怎样做事?

人头脑里很小的差别，却往往造成人生巨大的差异。这个很小的差别，就是你所具备的心态是积极的还是消极的；这个巨大的差异，就是你这一生是成功还是失败。也就是说，心态是命运的控制塔，心态决定我们人生的成败。我们生存的外部环境，也许不能选择。但另一个环境，即心理的、感情的、精神的内在环境，是可以由自己去改造的。成功的不一定都是企业家、领袖人物。成功，是指方方面面取得的成功，其标志在于人的心态，即积极、乐观地面对人生的各种挑战。不具有积极的心态，就可能深陷泥淖，不能自觉，不能醒悟，不能自拔。当你身处困境、机会已经失去的败局时，身处事业的失败和被别人背叛的失败，心理情绪的失败、婚恋家庭的失败等等，这时你如何反应、反思、反抗、反弹、反搏、反击、反扑，就决定了你一生的方向和最终的成败。

第一次登陆月球的太空人，其实共有两位，除了大家所熟知的阿姆斯壮外，还有一位是奥德伦。

当时阿姆斯壮所说的一句话："我个人的一小步，是全人类的一大步。"早已是全世界家喻户晓的名言。

在庆祝登陆月球成功的记者会中，一个记者问奥德伦一个很特别的问题："由阿姆斯壮先下去，他成为登陆月球的第一个人，你会不会觉得有点遗憾？"

在全场有点尴尬的注目下，奥德伦很有风度地回答："各位，千万别忘了，回到地球时，我可是最先出太空舱的。"他环顾四周笑着说："所以，我是由别的星球来到地球的第一个人。"大家在笑声中都给予他最热烈的掌声。

你会不会愿意从心里给别人热烈的掌声？"成人之美"不仅是一个人修养，更是一种健康的心态，是一项美德。

如果我们能够调整心态，改变处事方法，就可以避免或扭转败局，甚至可以成为推动事业成功的伟人，和把握幸福人生的智者。人的成功，不只是拥有了权力、财富，而更重要的是做了什么，和自己成了什么样的人。

积极的心态还包括诚恳、忠诚、正直、乐观、勇敢、奋发、创造、机智、亲切、友善、积极、向善、向上、进取、努力、愉快、自信、自勉和有安全感等。

有一次我到北京出差，一个学英语的学生给我讲了这么个有趣的事：

去听英语沙龙，那个老外一开口就吓了大家一跳。他说他是自由职业者，这之前一共换了40份工作。场下啊噢声一片，统统被他震晕。他紧接着又让大家猜他多少岁。有人开玩笑说他60岁了，他马上高声说谢谢，并做出小老头弯腰驼背蹒跚而行的可爱模样。有人说他一定只有25岁，他用更大的声音说谢谢，欢快地跳起了踢踏舞。大多数人都猜他30岁左右。最终他得意洋洋地告诉大家，他今年已经40岁了。台下一片哗然。不像，真的不像，顶多也就三十一二岁的样子，真让人不敢相信他比实际年龄年轻这么多。

惊讶完了，我才突然想起来他为什么让我们猜他的年龄。算一算，就算他20岁就上班了，20年间，40份工作，平均半年换一份工作，真是够能折腾的！

他开始介绍自己的工作经历。又一次让人大跌眼镜，他竟然是个医生，然后竟然放弃了！在美国，能取得行医资格不容易，更何况他在短短的五年之间从一个见习大夫做到了主刀的外科医生，怎么也想像不出他竟将自己十几年的心血所学就那样放弃了。问他如何能下得了决心。他说，做了五年医生，实在厌倦了，发现那原来不是自己喜欢的工作。我再也不能从工作中找到一点开心的感觉，这样的生活还有什么意思?！美国人崇尚快乐至上，不开心了当然就不能再勉强自己做下去。

接下来的工作五花八门，从高级白领到餐厅侍者，甚至还当过模特，听起来真够搞笑的。好好的受人尊重的医生不做，却非要去做什么侍者和模特。可是他说，无论工作的贵贱，他注重的是从中得到快乐。这林林总总的工作极大地丰富了他的人生，他觉得自己像是比别人多活了几辈子。因为无论高低长短，他都从中得到了最大的快乐。

他做得最长的是医生，五年，最短的工作是模特，只做过一天。我问他，大部分老板都希望自己的员工能够相对稳定，最好能对企业或公司保持高度的忠诚，像你这么频繁地更换工作，让面试你的老板如何去相信你的忠诚度呢？你又如何保证自己忠诚？他说这问题问得好。首先他说自己特好找工作，从来没有失过业。再者，他认为，当他面试一份工作，并最终双方达成协议时，是当时大家有一个共同的约定，大家对许多事情的看法是一致的，就好像婚姻一样，爱你的时候是爱你的。可是，如果公司变了，当初它吸引我或我吸引它的东西不复存在了，那么大家为什么还要在一起，有他炒老板的，也有老板炒他的，就好像夫妻双方每一方都有权利提出离婚一样。

难道你的人生就这样过去啦，看起来一事无成似的。他大加否定，并亮出自己胳膊上那结实的肌肉。他说自己最起码活个八九十岁没问题，并且他认为自己特别成功，因为快乐，所以成功。他做的都是自己想做的事情，他做的是最最真实的自己。是啊，不管别人怎么想。这个老美，潇洒得让人羡慕。

这个老美的就业经历当然没有代表性，但他的乐于探险冒险、激情拥抱生活的态度，在美国就很流行。

一切成就、一切财富都始于健康的身心。人必须克服异常心理及人格障碍中的孤僻、易怒、固执、轻率、自卑、忧虑、嫉妒等。这些心理严重地影响了人际关系的处理，也妨碍了家庭、工作和事业。应学会缓解和消除心理压力、择业压力、各种时尚与潮流的诱惑所构成的压力、生活不顺的压力等等。对各种压力采用积极的应对方式来缓解。健全的心灵和健康的身体，是成功的基本保证。要坚持锻炼身体，要经常地给自己充电，积极的心态要求有良好的能量水平。要想健康长寿，也必须成功地运用积极心态。

美国著名的成功学专家拿破仑·希尔说：心态是命运的控制塔，心态决定我们人生的成败。积极情感的人，处处对环境和他人充满着感激之情，容易感受到环境中良好的一面。我们的心态控制着自己的思维活动，从而影响自己的行为。有时别人一句话能在自己的一生中起着决定性的作用，是起到好的作用还是坏的作用，这决定于你对人和事物的判断，处理事物的能力和心态。

“欲除烦恼须成佛，各有来因莫羡人。”这是笔者曾经抄来赠给别人的，自己却并未领悟到其中真味。在经历了人生的一些风雨和起落之后，蓦然回首才重新发现了它，真有醍醐灌顶的感觉。

先说上联。首先要承认，烦恼是一种客观存在。现实中，谁也免不了、逃不掉。只有佛做到四大皆空，所以没了烦恼，就是菩萨罗汉也免不了。因此，首先对烦恼有颗平常心，不必因烦恼本身而烦之恼之。有人认为，上联是“欲除烦恼须无我”，境界还不是至高。毕竟它强调的只是佛所言执着中的一种——我执；而其他执著同样可以带来烦恼，君不见有人做到他人至上，但照样有烦恼？佛认为烦恼分为执著、妄想等，我们不必分得如此之细，只是要牢记不要自寻烦恼。

其次，境由心生。其实人常常是自己在给自己增加烦恼，而不是别人。正如生气，是“拿别人的错误惩罚自己”，烦恼也是。如果你不给自己烦恼，别人永远不可能给你烦恼。按照佛的理论，一切都是空的，因此烦恼的时候告诉你自己，这一切都是假的空的，自然没必要烦恼了。可惜这对凡人而言太难，一个比较现实的选择，是想想这个问题：如果我们得到一个非常漂亮的盒子，就会想到把自己喜欢的宝贝放进去，而不会往里丢垃圾废物。我们的头脑就是那“漂亮的盒子”，你是往里装喜悦、爱情、积极的思想，还是往里丢一堆郁闷忧愁之类的垃圾？同样，我们的时间就是那“漂亮的盒子”，你是用美丽和激情来充实每一天，还是用烦恼和颓废来填塞它呢？

我们经常会烦恼郁闷，为什么？是因为我们给了它 permission（许可），是我们打开心门放它来的。说到这，有人会说：不对，是我碰到的这个人不讲道理，是他做的事情让人不能不生气；你看那个同事，谁碰上他都不会开心，等等。所有的这些，之所以能够刺痛我们，让我们难受，都因为我们给了它“许可”。如果我们能够练就平稳的心态，就可以避免伤害。如果我们能练就好的习惯，不给它“许可”，就可以把它拒之门外。外在的事情，如天气、国家、世界、宇宙和全世界几十亿人，不会因为我们的意志而改变，惟一能改变的是我们自己和我们对它们的态度。以什么样的态度来对待外面无处不在的伤害物，是我们自己可以决定的事情。心灵之门的开或闭，在于你。我们可以打开心灵让阳光进来，也可以关闭心灵，把污秽挡在外面。

中国人常说：心静如水，就是把自己的心练就成一片湖水，虽然天空会变，会有风暴，会有雨雪，但水的本质不会改变，水面起波澜但很快又可以平静下来。只有练到一成程度，我们的心才能平静如水。如果我们不能把自己练就成一片湖水，那么无处不在的外界冲击，会常使我们遍体鳞伤。解决办法就是调控自己的心态不为所伤。人需要控制自己的心态，培养出健康平静的心态，这样天下任何事情都不会伤害到你。

我们每个人都随身携带着一个看不见的法宝，它的一面写着“积极心态”，另一面写着“消极心态”。这个法宝像任何物体都有上下两面，不可能只有一面。一个积极心态的人并不否认和无视“消极因素”这一面的存在，他只是学会了不让自己沉溺其中。一个积极心态者常能心存光明远景，即使身陷困境，也能以愉悦和创造性的态度走出困境。积极的心态能使一个懦夫成为英雄，从心志柔弱变为意志坚强。在人的本性中，有一种倾向：我们把自己想像成什么样子，最终就真的会成为什么样子。

不要由于自己没有成功，而去责备他人，埋怨他人。把你的心放在你所想要的东西上，使你的心远离你所不想要的东西。对于那些有积极心态的人来说，每一种逆境都含有等量或更大利益的种子。那些似乎是逆境的东西，很可能是隐藏的良机，它能阻止人生的幸运。重新处理你的态度，就能把今天的挫折转化为明天的成功。

希望被人喜欢和欣赏是人们内心深处的渴望。要得到他人的喜爱，首先必须真诚的喜欢他人。“喜欢别人”是一种生活方式的结果，它是一种训练有素的思想模式的产物。而能使你喜欢别人的一种思维方式，便是积极思想，也就是说，你必须以一种积极的心态，而非消极的想法对待他人。与那些运用积极思想的人相处的经验告诉我们，他们招人喜欢的特质还有一项，就是他们具有一种鼓励别人向上的个性。他们会为别人带来勇气、希望和力量。受人欢迎的另一个重要因素是：尊重他人。在一次午餐会上，一个年轻医生带着一身疲倦不堪的神态姗姗来迟。“要是电话不会响就好了！”他抱怨着说：“由于不断有人来找我，使得我抽不出时间去别的地方。有时我真想装上电话消音装置……”此时，同席的老医生说：“吉姆，我以前也曾有过这样的感觉。不过，你不可以厌烦这些电话铃声，因为这是人们对你有所期待，或需求你的表示。有这么多人提醒你，不要忘了你的价值。你应该为此感到高兴才对。”吉姆恍然大悟。

学会享受中途的快乐。实现你的梦想，得到你想要的东西，在这个求索的过程中，千万不要忘记享受和欣赏你已经得到的东西。锲而不舍、充满激情地去追求你想要得到的东西的同时，也不要忽略去热爱已经追求到的东西。如果只想：到终点后我一定好好享受幸福，那时我才有心情。这就不对，因为它把过程就成了受苦。到达成功的过程是艰辛和漫长的，哪怕是做自己喜欢做的事情，也不是第二天就可以硕果累累。要使人生这列奔向“快乐终点站”的列车，整个旅途过程也充满欢歌笑语。有的人经常会说，等我毕业了、等我不再有学业的烦恼、等我工作换了、等我把胃病治好了、等我换个我喜欢的车、等我考完试等等，“那时我就一定快乐”。总有某些事情，阻挡了人们去享受今天、享受过程、享受眼前的一切。这是最遗憾的事。

要享受已经得到的，对成功人士很难做到。越是成功，越想成功，尝到了成功的甜头，所以就马不停蹄想做得最大更好。很容易忘记，为何不暂停或稍慢点，好好品尝享受一下通过很多汗水已经取得的成果。我常在完成一项工作后，开车去美国的国家公园休息放松。放上喜欢的音乐，缓缓行驶在环山公路上，安详而宁静。走在深山里，呼吸着新鲜的空气……此刻的平和与满足，来源于成功带来的放松和幸福，是我挣来的，我要好好体验和品尝它。我也喜欢旅游，五大洲只有非洲没去过。古人说，读万卷书，行万里路。所以我很喜欢我的“人生就是到地球度长假”的幸福观。有几次印象特别深刻，终生难忘。一次是在我家不远的加州太平洋岸边的 Santa Cruz，一次是澳大利亚的 Gold Coast（黄金海岸），一次是法国南部 Nice 的地中海岸边。每次都是在一天极度开心旅游后，身心都疲惫了，在酒店的露天餐厅里就餐，看到夕阳慢慢地下落，越来越薄，最后从地平线消失……感觉非常幸福。我甚至想，如果明早我不再醒来，这是我最后一次看日落，我也没什么可后悔和遗憾的啦。我累了，因为今天我毫无保留地活了，我给予了生命所有的激情，给了我遇到的每个人温馨的微笑和真心的祝福，今天我每个细胞都体验到了生的喜悦和爱的欢乐……

如果我们把人生作为到地球度假，如果每天我们都能营造这么一个感觉，把这个假期做过的事情、接触的人、做过的梦都当做一本画册，那么当回忆过去时，内心会多么的轻松和愉悦。如果每天都有这么短暂的一刻，都有这种“如果明早不再醒来也无遗憾”的坦荡和平静，我就知足也。

平静的心境，是良好心态的一种境界。

平静的心境，正是智慧的体现，也是勇于挑战生活的表现。平静的心境不是轻易做到的，它是在经历了人生的大喜大悲，对生活有了更为深切的体会后，一种对人生与人性的顿悟。人性是两面的，只有拥有平静的心境，才能笑看花开花落，在挑战生活的同时，智慧地生活。假如我们检讨一下人性，很明显地可以发现人性充满缺陷，每个生物，不管是人或其他生物均为生存而挣扎，虽有短暂的快乐，但同时也伴随病痛的侵袭、年老及死亡。

德国伟大的诗人、戏剧家兼哲学家歌德曾说过：“假如让他算算这一生中快乐的日子的话，加起来不到两个星期。”不管我们如何巧妙的安排、组织社会、协调人际关系，只要世界存在，即使是最好的人，还是难逃苦难；即使我们拥有财富，虽减轻了生活的磨难，却也躲不过死亡，我们的肉体终将分解。必死的命运是人世上不变的法则，生存的终结是死亡，这个念头对无知的人而言，是难以容忍的。惟有认清真相，接受生命的真理，念及死亡的必然，并保持对生活无畏的勇气，才真正拥有平淡的心境。

只有勇于挑战生活，才会最终收获平静的心境。人生总会有一段时光，充满了早秋精神，翠绿与金黄相混，悲伤与喜悦相杂，希望与回忆相间。这时看人生，问题不是如何发展，而是如何真正生活；不是如何奋斗操劳，而是如何享受宝贵的刹那；不是如何去虚掷精力，而是如何利用有限的精力以呵护自己的心爱。做到了这些就是生命的勇士。正如曾畅销一时的《相约星期二》所说的，“人必须与自己的命运和解，以一种平和的态度享受生活”。白天青山踏遍，晚来尽食山珍，然后一身轻松人梦，心灵怡然宁静，如那抹弯弯的山月，清清爽爽，无牵无挂，透着一种超凡脱俗的空明。细而微的快乐便在生活的每一处。

在平静的心境下，换一个角度来体味世界，也是别有情趣的。因为世界并不圆满，人生并不完善，但是这种不圆满、不完善完全可以用我们的心境化解。阴雨季节，看着树叶在雨丝里慢舞轻摇，踩在水里，冰冷却也是一种感受。是不如晴日里的蝶舞花香，但是每一种心情需要自己来把握，若是懂得了与自然和解，一切都成为美景。试想想，在雨夜里点上暖暖的炉火，看一本书或是整理旧相册，那种温情是晴天里感觉不来的。试想想，窗外雨声或近或远，或缓或急，而室内温暖的光线里，与所爱的人相拥着，这份美丽是非凡的。

下面再给大家讲一故事：

老街上有一铁匠铺，铺里住着一位老铁匠。由于没人再需要打制铁器，现在他改卖铁锅、斧头和拴小狗的链子。他的经营方式非常古老和传统。人坐在门内，货物摆在门外，不吆喝，不还价，晚上也不收摊。你无论什么时候从这儿经过，都会看到他在竹椅上躺着，手里是一个半导体，身旁是一把紫砂壶，他的生意也没有好坏之说。每天的收入正够他喝茶和吃饭。他老了，已不再需要多余的东西，因此他非常满足。

一天，一个文物商人从老街上经过，偶然看到老铁匠身旁的那把紫砂壶，因为那把壶古朴雅致，紫黑如墨，有清代制壶名家戴振公的风格。他走过去，顺手端起那把壶，壶嘴内有一记印章，果然是戴振公的。商人惊喜不已。

戴振公在世界上有捏泥成金的美名，据说他的作品现在仅存 3 件，一件在美国纽约州立博物馆里；一件在台湾故宫博物院；还有一件在泰国某位华侨手里，是 1993 年在伦敦拍卖市场上，以 16 万美元的拍卖价买下的。商人端着那把壶，想以 10 万元的价格买下它。

当他说出这个数字时，老铁匠先是一惊，后又拒绝了，因为这把壶是他爷爷留下的，他们祖孙三代打铁时都喝这把壶里的水，他们的汗也都来自这把壶。壶虽没卖，但商人走后，老铁匠有生以来第一次失眠了。这把壶他用了近 60 年，并且一直以为是把普普通通的壶，现在竟有人要以 10 万元的价钱买下它，他转不过神来。

过去他躺在椅子上喝水，都是闭着眼睛把壶放在小桌上，现在他总要坐起来再看一眼，这让他非常不舒服。特别让他不能容忍的是，当人们知道他有一把价值连城的茶壶后，总是拥破门，有的问他还有没有别的宝贝，有的甚至开始向他借钱。更有甚者，晚上推他的门。

他的生活被彻底打乱了，他不知该怎样处置这把壶。当那位商人带着 20 万元现金第二次登门的时候，老铁匠再也坐不住了。他招来左右店铺的人和前后邻居，拿起一把斧头，当众把那把紫砂壶砸了个粉碎。现在，老铁匠还在卖铁锅、斧头和拴小狗的链子……你知道吗，据说他已经 102 岁了。

人须明白什么东西是自己要真正追求的，什么才是最适合自己的生活方式。学会在喧嚣的世界里，平平淡淡地寻找着属于自己的快乐与满足。淡泊宁静的人，可以想做什么便做什么，愿想什么就想什么；也可以什么也不做，什么也不想，什么也不希望。可以心宁如水，空明澄澈，如在依山傍水处，竹林禅院内，着青衣黄卷，沐晨钟暮鼓。这时，就是温柔地把自己放进世界的手心，体味着一种温和平静的心境，一份清朗柔美的心思，一种温暖踏实的感觉。

平平淡淡才是真，在平静的心境下挑战生活，可谓是一种别样的生存智慧。

四、前世姻缘 (把握此时)

曾经有一份真诚的爱情摆在我的面前，
但是我没有珍惜，
等到了失去的时候才后悔莫及，
尘世间最痛苦的事莫过于此。
如果上天可以给我一个机会再来一次的话，
我会跟那个女孩子说“我爱她”。
如果非要把这份爱加上一个期限，
我希望是一万年！

这是《大话西游》里的一段话，这句虽然是对爱情的誓言，但听起来却富有深刻的人生哲理。很多东西，直到失去了，才真正地意识到它的可贵。当初的那个此时此刻为什么不好好珍惜呢?

近日，看到了一则颇为感人又蕴涵着深刻人生哲理的寓言：

从前，有一座圆音寺，每天都有许多人上香拜佛，香火很旺。在圆音寺庙前的横梁上有个蜘蛛结了张网，由于每天都受到香火和虔诚的祭拜的熏托，蜘蛛便有了佛性。经过了一千多年的修炼，蜘蛛佛性增加了不少。

忽然有一天，佛主光临圆音寺，看见这里香火甚旺，十分高兴。离开寺庙的时候，不经意地抬头，看见了横梁上的蜘蛛。佛主停下来，问这只蜘蛛："你我相见总算是有缘，我来问你个问题，看你修炼了这一千多年来，有什么真知灼见？"蜘蛛遇见佛主很是高兴，连忙答应了。佛主问道："世间什么才是最珍贵的？"蜘蛛想了想，回答道："世间最珍贵的是'得不到'和'已失去'。"佛主点了点头，就离开了。

就这样又过了一千年的光景，蜘蛛依旧在圆音寺的横梁上修炼，它的佛性大增。一日，佛主又来到寺前，对蜘蛛说道："你可还好，一千年前的那个问题，你可有什么更深的认识吗？"蜘蛛说："我觉得世间最珍贵的是'得不到'和'已失去'。"佛主说："你再好好想想，我会再来找你的。"

又过了一千年，有一天，刮起了大风，风将一滴甘露吹到了蜘蛛网上。蜘蛛望着甘露，见它晶莹透亮，很漂亮，顿生喜爱之意。蜘蛛每天看着甘露很开心，它觉得这是三千年来最开心的几天。突然，又刮起了一阵大风，将甘露吹走了。蜘蛛一下子觉得失去了什么，感到很寂寞和难过。这时佛主又来了，问蜘蛛："蜘蛛，这一千年，你可好好想过这个问题：世间什么才是最珍贵的？"蜘蛛想到了甘露，对佛主说："世间最珍贵的是'得不到'和'已失去'。"佛主说："好，既然你有这样的认识，我让你到人间走一遭吧。"

就这样，蜘蛛投胎到了一个官宦家庭，成了一个富家小姐，父母为她取了个名字叫蛛儿。一晃，蛛儿到了16岁，已经成了个婀娜多姿的少女，长得十分漂亮，楚楚动人。

这一日，新科状元郎甘鹿中士，皇帝决定在后花园为他举行庆功宴席。来了许多妙龄少女，包括蛛儿，还有皇帝的小公主长风公主。状元郎在席间表演诗词歌赋，大献才艺，在场的少女无一不被他折倒。但蛛儿一点也不紧张和吃醋，因为她知道，这是佛主赐予她的姻缘。

过了些日子，说来很巧，蛛儿陪同母亲上香拜佛的时候，正好甘鹿也陪同母亲而来。上完香拜过佛，二位长者在一边说上了话。蛛儿和甘鹿便来到走廊上聊天，蛛儿很开心，终于可以和喜欢的人在一起了，但是甘鹿并没有表现出对她的喜爱。蛛儿对甘鹿说："你难道不曾记得十六年前，圆音寺的蜘蛛网上的事情了吗?"甘鹿很诧异，说："蛛儿姑娘，你漂亮，也很讨人喜欢，但你想像力未免丰富了一点吧。"说罢，和母亲离开了。

蛛儿回到家，心想，佛主既然安排了这场姻缘，为何不让他记得那件事，甘鹿为何对我没有一点感觉?

几天后，皇帝下诏书，命新科状元甘鹿和长风公主完婚；蛛儿和太子芝草完婚。这一消息对蛛儿如同晴空霹雳，她怎么也想不通，佛主竟然这样对她。几日来，她不吃不喝，穷究急思，灵魂就将出壳，生命危在旦夕。太子芝草知道了，急忙赶来，扑倒在床边，对奄奄一息的蛛儿说道："那日，在后花园众姑娘中，我对你一见钟情，我苦求父皇，他才答应。如果你死了，那么我也就不活了。"说着就拿起了宝剑准备自刎。

就在这时，佛主来了，他对快要出壳的蛛儿的灵魂说："蜘蛛，你可曾想过，甘露（甘鹿）是由谁带到你这里来的呢？是风（长风公主）带来的，最后也是风将它带走的。

甘鹿是属于长风公主的，他对你不过是生命中的一段插曲。而太子芝草是当年圆音寺门前的一棵小草，他看了你三千年，爱慕了你三千年，但你却从没有低下头看过它。蛛儿，我再来问你，世间什么才是最珍贵的？”蛛儿听了这些真相之后，一下子大彻大悟了，她对佛主说：“世间最珍贵的不是‘得不到’和‘已失去’，而是现在能把握的幸福。”刚说完，佛主就离开了，蛛儿的灵魂也回位了，睁开眼睛，看到正要自刎的太子芝草，她马上打落宝剑，和太子深深地拥抱着……

故事结束了，你能领会蛛儿最后一刻所说的话吗？“世间最珍贵的不是‘得不到’和‘已失去’，而是此时此刻能把握的幸福。”

这是故事的主人公蛛儿最后的醒悟。在我们平凡的生活中，也时常会在“得不到”和“已失去”的痛苦中度过每一天，有时想起来，还悔恨不已。实际上，老天对每个人都是公平的。得不到的，是因为它本不属于你；已失去的，只能算是你生命中的插曲；只有你现在所拥有的一切，才是别人没有的、真正属于你自己的幸福。

西方也有一个传说：

曾经有一个国王，喜欢思考人生哲理，他遇到几个问题一直想不通，听说山上有一个世界上最有智慧的人，于是微服出访，想去请教高人。当他走到山脚下，却遭遇打劫，很快，随身保镖把打劫的人给制服了，打劫者身受重伤。国王想我是来找人探讨哲理的，而不是来杀人的，于是就决定救救他。到了山里找到智者，国王帮助智者救治打劫者，打劫者给救活了，良心发现，于是吐露真情：原来这并不是普通的打劫，而是有人派他来刺杀国王。国王听后备受感触，如不救此人，如何知道真相。他问智者：我是一个国王，万人之上拥有无限的尊贵与权威，拥有一个如此庞大的国度，但我仍有三个疑问在心。1. 谁是这世界上最重要的人？2. 什么事情是这世界上最重要的事情？3. 什么时间是这世界上最重要的时间？

智者并不说话，只是埋头做着事情。国王见此情景，无奈地说：你也不一定有答案，我也不为难你了，我走吧。这时，智者才回转头来，说："我可以跟你聊一聊。谁是这世界上最重要的人？此时你和我一起谈话，那么，此时世上难道还有比我更重要的人吗？什么事情是这世界上最重要的事情？你现在给人治伤，此时这世界上还有什么事情比这事最重要？什么时间是这世界上最重要的时间？你自己说，还有比我们俩坐在这里的此时此刻更重要的时间吗？

每当想起这个故事时，我就提醒自己：的确，还有什么比现在更重要的呢？人很容易忽略现在，要么想着已过去的种种，要么想着未来可能发生的事情。有人说金钱是万能的。不错，金钱是很宝贵的。但最宝贵的，是时间。失去金钱可以再挣，浪费的时间是追不回来的。

我有时真想在报上登一则"遗失"广告：我昨天丢掉了24锭黄金，每锭黄金上面有60个宝玉，每个宝玉上面有60颗钻石。但你不用去找了，你是找不回来的，因为昨天的24小时已经永远丢失了。

总之，幸福不是表面所能看到的，平庸者有平庸者的幸福，高尚者有高尚者的幸福。人生的目标和追求各不一样，对幸福的看法和理解也不一样。于贫者而言，能够维持温饱之外还有剩余是一种幸福；于富豪而言，更多的金钱也只是一个数字而已，精神的充实和富有才是他们更期望的幸福。

曾看过一个作家林先生写的一篇短文：

> 报社的记者来访问，突然问我："林先生有什么座右铭呢？"
>
> 我的座右铭，通常用3M的便条纸写一些当日的注意事项。于是撕几张下来给记者小姐看："欠讲义的稿件，今日写。""缴房屋贷款。""帮亮言买毛笔。"……
>
> 我说："你看，我有这么多的座右铭。"
>
> 记者笑起来："林先生真爱开玩笑，我是说真正的座右铭。"
>
> "什么是真正的座右铭呢？"
>
> "就是刻在心里，时时用来规范和激励自己的一句话。"
>
> 这倒使我陷入困境了，因为我并没有一个真正的座右铭。如勉强说有，就是我时常拿来实践的一句话："快乐地活在当下。"
>
> "活在当下"是禅宗的语言，是说人应该放下过去的烦恼、舍弃未来的忧思，把好的精力用来承担眼前的这一刻。失去此刻就没有下一刻，不能珍惜今生也就无法向往来生了。

幸福和成功有不同的功能和意义。成功固然重要，幸福才是最终目的，成功是达到幸福的手段和途径。当我们想到过世的亲人，如果有遗憾，一定不是遗憾他们在世时，钱不够多，房子不够大，车不够豪华。而遗憾的是，他们在世时，我们带给他们的欢笑太少，让他们开心的时间太少，我们爱他们不够。当我们看到自己的小孩可爱的样子，免不了会想到他们未来的一生。这时，心里暗暗祈祷的，不是他们将来一定住海滨豪宅、穿金戴玉、开豪华车。虽然这些固然很好。同样，我们最期望的是他们一生都充满欢笑，活得开心快乐，身边的人都很爱惜和照顾他们。

外在的成功、物质财富、名利如果不能带给我们幸福，不能使我们所爱的人幸福，那它的意义就不大。我们在追求成功的过程中，不要忘记我们须要年年活得幸福，天天过得开心。而幸福的来源最重要的一点就是爱，爱自己，爱万物，爱天下，爱人生。

第五天
Day V

Live with passion! ... shocking documentary scenes from Vietnam War...

爱如潮水！……一段越战录像的震撼……

激情可创造奇迹

任何人，无论男人或女人，其灵魂深处都有一种激情，一旦拥有了它，你就不在乎充斥于我们生活中的各种琐事。失去了激情，就损伤了灵魂。激情是一种最重要的力量，有史以来没有任何一件伟大的事业不是因为激情而成功的。激情的心态，是做任何事情都必须的条件。

激情是一种积极意识和状态，能够鼓励和激励他人采取行动，而且还具有感染和鼓舞他人的力量。

激情是成功者的标志

作为世界上最大的信息技术出版、研究、展览与技术风险投资公司——美国国际资料集团的创始人兼董事长麦戈文在美国信息产业界是一位传奇式人物，被誉为“最具投资眼光的企业家”。在谈到“假设40多年前根本没有计算机行业诞生”的问题时，麦戈文稍微停顿思索了一下，但是很快他就肯定自己应该还是在媒体领域或者出版界工作。他说了这样一句让人深思的话：

“因为我喜欢和人沟通，喜欢有创造有激情的工作。而你知道，在媒体工作是非常需要激情的。”

其实，“非常需要激情的”又何止媒体工作？

对我来说，极大的热情能够一美遮百丑。如果说哪一种品质是成功者共有的，那就是他们比别人更有激情。对他来说没有什么细节因细小而不值得去挥汗，也没有什么大到不可能干好的事。

第五天，选择激情。

一、感恩节
（选择爱心）

一株植物为什么闪光？
因为它给人们带来芬芳！
一首乐曲为什么闪光？
因为它给人们带来悠扬！
一份事业为什么闪光？
因为它给我们指明了方向！
你的生命为什么闪光？
那是因为你的善良！

有一段诗也写得很好：人啊，换一个灵魂，多一点爱心，现在还为时不晚，在死亡面前。这句话震动了这个世界，唤起了人们的信念，善良真诚慈爱的一面。人之初，性本善，我们的善语言在哪里？

就在一点一滴，做一个能鼓励别人、能付出爱心的人。

曾经名噪一时的畅销书《相约星期二》里面的莫里教授，在临死前告诉他的学生说：人生最重要的事是施与爱。从小到大，我们习惯于父母的关怀、亲友的帮助，习惯于接受爱。当你长大时，可否想起施与你们的爱给你的亲人、你的爱人甚至与你素不相识的人？

这是一个发生在英国的真实的故事：

一位孤独的老人，无儿无女，又体弱多病。他决定搬到养老院，于是宣布出售他漂亮的住宅。购买者蜂拥而至，价格一直炒到 10 万英镑还在不断攀升，可是购买者没有一个合他的意。老人因此忧郁，心绪不宁。

这天，来了一个衣着朴素的青年。他弯下腰低声说："老先生，我也想买这住宅，可我只有 1 万英镑。""它的底价是 8 万英镑。"老人平淡地说。"但是，如果您把住宅卖给我，我会让你依旧生活在这里，我会和你一起喝咖啡、读报、散步，我会用整颗心照顾您！"

老人颔首微笑，以 1 万英镑的价钱把住宅卖给了他。

完成梦想，不一定非得要冷酷地厮杀和欺诈。有时，只要你拥有一颗爱人之心就可以了。

青年用爱赢得了老人的信任，成了名宅的主人。

我曾听到一个中国版的"爱情故事"：

一天，一个男孩对一个女孩说："如果我只有一碗粥，我会把一半给我的母亲，另一半给你。"小女孩喜欢上了小男孩。那一年他 12 岁，她 10 岁。

过了10年，他们村子被洪水淹没了，他不停地救人，有老人，有孩子，有认识的，有不认识的，唯独没有亲自去救她。当她被别人救出后，有人问他："你既然喜欢她，为什么不救她?"他轻轻地说："正是因为我爱她，我才先去救别人。她死了，我也不会独自活着。"于是他们在那一年结了婚。那一年他22岁，她20岁。

后来，中国全国闹饥荒，他们和别人一样，穷得揭不开锅，最后只剩下一点点面做了一碗汤面。他舍不得吃，让她吃；她舍不得吃，让他吃。三天后，那碗汤面发霉了。当时，他42岁，她40岁！

因为祖父曾是地主，他受到了批斗。在那段年月里，"组织上"让她"划清界线、分清是非"，她说："我不知道谁是人民内部的敌人，但是我知道，他是好人，他爱我，我也爱他，这就足够了！"于是，她陪着他挨批、挂牌游街，夫妻二人在苦难的岁月里接受了相同的命运！那一年，他52岁，她50岁！

许多年过去了，他和她为了锻炼身体一起学习气功。这时他们调到了城里，每天早上乘公共汽车去市中心的公园，当一个青年人给他们让座时，他们都不愿自己坐下而让对方站着。于是两人靠在一起手里抓着扶手，脸上都带着满足的微笑。车上的人竟不由自主地全都站了起来。那一年，他72岁，她70岁。

她说："10年后如果我们都已死了，我一定变成他，他一定变成我，然后他再来喝我送他的半碗粥！"

70岁的风尘岁月，这就是中国人的爱情！

有一次，一个印度人看见一只蝎子掉进水中团团转，他当即就决定帮它，他伸出他的手指捉它，想把它捞到岸上来。可就在他的手指刚够到蝎子的时候，蝎子猛然蛰了他一下。但还是想救它，他再次伸出手去试图把蝎子捞出水面，但蝎子再次蛰了他。

旁边的一个人对他说：“它老这么蛰你，你还救它干什么?”

这个印度人说：“蛰人是蝎子的天性，而爱是我的天性。我怎么能因为蝎子有蛰人的天性就放弃我爱的天性呢?”

不要放弃爱，不要放弃你的美德，哪怕你周围的人要蛰你。

“同是天涯沦落人，相逢何必曾相识!”哪怕你在盲人上坡时给他伸出手；当这个人在生活迷茫、失望的时候，你打开他优美的心灵天空，让他看看外面的阳光，感受一下新鲜空气……我们生活在同一片热土，把你的爱无保留地洒在这片热土，那么，当所有人都感到自己沐浴着光明、雨露和阳光的时候，那你的心灵就会受到百倍的雨露阳光的恩赐，这种情感超越了人的生命，超越了宇宙万物……这才是生命的大成，人生的最高境界。

爱是人生的真谛，爱是心灵的碰撞，爱是成功的源泉。

著名相声表演艺术家侯宝林的成功与他高尚的人格分不开的。他不曲意奉承、溜须拍马；面对百姓的期待，奉献出自己的热情与爱心，不居高临下、盛气逼人。许多人虽然小有成就，但他们的人格却有严重的缺陷，在面对权势的时候，往往恐惧三分，害怕已有的地位会失去；面对百姓时，则表现出高人一等的架势，不自觉地把自己归入另类。这样的人永远也不能成为“一代宗师”，因为大师级的人物不仅需要无与伦比的专业水平，更需要独特的人格魅力。

在美国，感恩节之能成为国定假日，不是某位政治家之功，而是由一位强烈盼望全国每个家庭都有团聚机会的女士所完成的。她的名字叫莎拉·海尔，在她之前 242 年，感恩节并非美国的传统节日。

许多美国人以为感恩节成为美国的传统节日，可上溯至 1621 年 10 月清教徒的第一次感恩开始。其实错了。从 1621 年以后，有 155 年之久，殖民地都没有任何可资庆祝的正式节日。直到独立战争的胜利，才有了第二个感恩节，不过这还未成为传统。第三次感恩节是在 1789 年的 11 月 26 日，由华盛顿宣布全国共同庆祝，不过也还未成为国定假日。

到了 1827 年，莎拉·海尔以无比的决心和毅力希望感恩节能成为法定假日。她当时已是五个孩子的母亲，为了养家，她以从事职业作家为生，这在当时还很少有女性成功的例子。她身为一份女性杂志的编辑，在她的努力下，这份杂志成为全国性的期刊，每期发行量高达 15 万份。为了使全国能有一个永久的感恩节，她把杂志当做一个带动趋势的强大工具不断地呼吁。差不多有 36 年之久，她不断地写信，把她的那个梦告诉历任总统和各州的州长。

终于南北战争的爆发给了莎拉一个绝佳的机会，能把她的想法告诉全国人民。在 1863 年 10 月份的杂志上，她呼吁道："如果我们能永久明定一天为感恩节，岂不是对社会、国家、信仰有很大的好处？让我们全国人在那一天忘掉国家分裂的痛苦，让我们停止战斗，一同向上帝献上由衷的感恩，谢谢他在过去一年之中的保护和赐福，这样岂不更显示我们的高贵和是个真正的美国人吗？"她同时还写了一封信给林肯总统，由国务卿转呈。林肯认为全国每个家庭都能有一天全家团聚是个极为正确的观念，乃于四天之后，明令于

1863 年 11 月最后一个星期四为国定感恩节。从此这个节日就沿袭至今。这全是这位女士锲而不舍的精神与爱心所致。

墨西·孟德尔颂是德国知名作曲家的祖父。他的外貌极其平凡，除了身材五短之外，还是个古怪可笑的驼子。

一天，他到汉堡去拜访一个商人，这个商人有个心爱的女儿名叫弗西，墨西·孟德尔颂痴情地爱上了她，但弗西却因他的畸形外貌而拒绝他。

到了必须离开的时候，墨西鼓起了所有的勇气，上楼到弗西的房间，把握最后和她说话的机会。她有着天使般的脸孔，但让他十分沮丧的是，弗西始终拒绝正眼看他。经过多次尝试性的沟通，他害羞地问："你相信姻缘天注定吗?"

她眼睛盯着地板答了一句："相信。"然后反问他："你相信吗?"

他回答："我听说，每个男孩出生之前，上帝便会告诉他，将来要娶的是哪一个女孩。我出生的时候，未来的新娘便已许配给我了，上帝还告诉我，我的新娘是个驼子。"

"我当时向上帝恳求：'上帝啊！一个驼背的妇女将是个悲剧，求你把驼背赐给我，再将美貌留给我的新娘。'"

当时弗西看着墨西的眼睛，并被内心深处的某些记忆所搅乱了。她把手伸向他，之后成了他最挚爱的妻子。

至深至诚的爱，可以化坚冰、破顽石，更可以赢得另一颗心同等的爱。

听过这个希腊神话吗？皮格马利翁（Pugmalion）是神话中的塞浦路斯国王，他同时还是一位出色的雕塑家。他精心雕塑了一座少女像，美丽动人，皮格马利翁真心地爱上了她。结果，奇迹发生了，塑像被皮格马利翁的真心所打动，少女“复活”了。这个神话故事在心理学中演化成著名的“期望效应”。即一位有影响力的人物（比如教师之于学生、上级之于下属、恋爱中的男女朋友）对于一个人的由衷赞赏和认可，会极大地提升他的自信心，他会努力向着优于一般表现的方向发展。

如果我们都献出一点爱，世界将变得多么美好。世界上最富有的不是最有钱的人，而是最有爱心的人。你想要永生永世，长生不老，你就留给世界你所有的爱。因为只有你留下的爱是不死的，不会随着你的消失而消失。

最有钱的人做慈善事业，他们都意识到，所有的东西都带不走，只有爱可以延续他们的生命，是永久的。

爱因斯坦说：“对于一切来说，只有热爱才是最好的老师。”

我们要学会用全身心的爱来迎接每一天。

因为，这是一切成功的最大秘密。强力能够劈开一块盾牌，甚至毁灭生命，但是只有爱才具有无与伦比的力量，使人们敞开心扉。我们要让爱成为最利害的工具，用它来美化世界，没有人能抵挡它的威力。

我们要用全身心的爱来迎接一切。

爱太阳，它温暖我们的身体；爱雨水，它洗净我们的灵魂；爱光明，它为我们指引道路；爱黑夜，它让我们看到星辰。我们迎接快乐，它使我们心胸开阔；我们忍受悲伤，它升华我们的灵魂；我们接受报酬，因为我们为此付出汗水；我们不怕困难，因为它给我们挑战。我爱雄心勃勃的人，他们给我灵感。我爱失败的人，他们给我教训。我爱王侯将相，因为他们也是凡人。我爱谦恭之人，因为他们非凡。我爱富人，因为他们可能孤独。我爱穷人，因为我也曾不富有。

我爱少年，因为他们真诚。我爱长者，因为他们有智慧。

我们该怎样回应他人的行为呢？用爱心。

爱是我们打开别人心扉的钥匙，也是我们抵挡仇恨之箭与愤怒之矛的盾牌。爱使挫折变得如春雨般温和，它是我商场上的护身符：孤独时，给我支持；绝望时，使我振作；狂喜时，让我平静。这种爱心会一天天加强。越深厚就越有保护力，直到有一天，我可以自然地面对芸芸众生，天大的事情发生，也会处之泰然，荣辱不惊。

我该怎样面对遇到的每一个人呢？只有一种办法，我要在心里默默地为他祝福。

这无言的爱会闪现在我的眼神里，流露在我的眉宇间，让我嘴角挂上微笑，在我的声音里响起共鸣。在这无形的爱意里，他们的心扉就会敞开。我要爱所有的人。有了爱，即使才疏学浅，也能以爱心获得成功；相反地，如果没有爱，即使博学多识，也终将失败。

我们要常想出理由赞美别人，绝不拨弄是非，道人长短。想要批评人时，咬住舌头；想要赞美人时，高声表达。飞鸟，清风，海浪，自然界的万物不都在用美妙动听的歌声赞美造物主吗？我也要用同样的歌声赞美她的儿女。要记住这个秘密，它将改变你我的生活。

最主要的，我们要爱自己。

只有这样，我才会认真检查进入我的身体、思想、精神、头脑、灵魂、心怀的一切东西。我绝不让头脑受到邪恶与欲望的引诱，我要用智慧和知识使之升华。我绝不让灵魂陷入自满的状态，我要用沉思和祈祷来滋润它。我要有大海般的胸怀，与人分享，共同温暖和包容这个世界。

即使在有生之年默默无闻，但只要生活得高贵，就不是白来世间走一回。我们的生命中会放射出某种光辉，这光辉照耀着朋友和邻人前进的路程，永不熄灭。

越南战争中的一位摄影师拍到这样一幅画面：越军用机枪扫射敌人，有许多平民被误杀，纷纷倒下。其中有一个人倒得特别慢，姿势十分怪异。摄影师把胶片重新慢速播放，发现倒下的那个人是位母亲，她的怀中抱着一个孩子。她在中弹后，害怕突然倒下压伤孩子，而忍着不死慢慢蹲着倒下去！

你还怀疑爱的力量能战胜死亡吗？

爱可以创造奇迹，各种各样的爱创造了各种各样的奇迹，甚至让一个个濒近死亡的生命继续生活下去。看着人们能够健康的生活着，看着人们能够互相的微笑着，看着人们充满活力的脸，心中是一种幸福。或许，人活着，真的是为了爱，为了各种各样的爱，为了还各种各样的爱的债务。

你是否听过这么一个故事：

从前，一个矿工被哑炮炸死，他的妻子背负着生活压力，每天靠来到矿上卖馄饨为生。第一天，来了12人，时光飞逝，永远不变的仍是12这个数，虽然年轻的代替了年老的……

风霜雨雪，阻挡不了人们发自内心的真诚；时光飞逝，阻挡不了人们发自内心的善良。

最让人感动的是，矿工队里12个兄弟都是穷苦的人家，每天早上，就算妻子做好了早饭，仍会去吃一碗馄饨。穿透几十年的岁月沧桑，依然闪亮的是那12颗金灿灿的爱心。

有一种承诺可以抵达永远，那就是爱。12颗爱心塑造的承诺，穿越了人世间最昂贵的时光。12个共同的秘密其实只有一个：爱是永远。

相爱或者死亡，老人喃喃的低语，深沉而有力；

相爱或者死亡，我细细的聆听，明晰而执著；

面对生命，谁都被赋予了与生俱来的公平；

面对生命，谁都无法侃侃而谈生存的意义。

我希冀着有朝一日能拥有苏格拉底的那份灵性与彻底："我只知道我一无所有"。但我更执着于《相约星期二》中莫里老人对生命对死亡的那份真情的演绎。

是的，世界因爱而发光，生命因爱而有了方向。一个人一生的爱都握在了自己的掌心。摊开你的掌心放飞你的爱心，实践掌心中那份淳厚的爱。冰冷的世界因此而温暖，孤独的生命因此而精彩，热恋的生命因此而永恒，死亡的生命因此而恒久——各式各样的生命走向的幸福和永久，自身的生命也因爱的起航，而承载了生存的意义。即使死亡以魔鬼的脸蛋、天使的身材出现，那巨大的冲力形成的巨大的惯性，那巨大的惯性又带来的巨大的冲力，也无法改变有爱导航的生命的航向。

爱心对人际关系也非常的重要，我们要藉着真诚和爱，寻找和谐的人际关系。

人际关系产生于人与人之间的交往，那么，我们首先来注意一下人际交往的几个特点。1. 交往从自身开始。如果自身没有交往的愿望，交往也就无从谈起。2. 交往是一种相互问题。所谓剃头的挑子一头热，在交往的实际中也是不现实、没有结果的。3. 交往包括交往内容和交往者之间的相互关系。内容注定了我们要交往的达到程度、投入程度，而且，不同的交往目标所采用的交往方式方法又有所不同。4. 交往要求彼此交往的人在空间上相互接近。虽然说距离产生美，但随着交往的深入，相互距离也会随之改变。5. 交往既不可逆转也不可重复。

其次，我们应从人际关系中得到些什么？这又有一个出发点的问题。1. 帮助我们自己了解自己。2. 帮助我们调节自我情绪。3. 帮助我们获得积极的经验。

再次，我们要了解人际交往的规则：

1. 平等待人是人际交往的前提。任何成年人都不愿意被父母长辈视为小孩子，虽然我们在老一辈的心目中永远是小孩。可以说，只要是正常人，都希望得到别人的平等对待，没有人会真正愿意与那些妄自尊大、藐视他人的人交朋友，也没有人愿低三下四，卑躬屈膝向别人献上自己的笑脸。

2. 互利互惠是人际交往的润滑油。这里的互利，是指获得人生经验或与自身成长发展有用的讯息，而不是简单指你从朋友那赚了点钱这种无相干的蝇头残灯的东西。要注意的是，倘若交往者仅仅关注自己的需要，想单方面得到好处，而不愿意为他人奉献，提供帮助，则双方关系必定不会长久，更不会有所发展。

3. 信用是人际交往的基石。“一诺千金，一言百系”讲的都是个“信”字，一个人讲信用，别人才会相信你，才会愿意与你交往，失信者必然会引起他人的反感与厌恶，阻碍交往正常进行。

4. 宽容是人际关系的粘合剂。交往之中最要不得的是互相之间斤斤计较，患得患失，这常常是人际关系破裂的重要原因。我们不妨试试做到：将心比心，善解人意；大事清楚，小事糊涂；严于律己，宽以待人。这样做之后，你会突然发现，怎么一下子多了这么多朋友。

我常对人说：世上所有的东西，越多给别人，你就越少。惟有爱是用之不竭，而且越多给别人，你反而越多！

二、"妈妈给你生命，爸爸给你自由"（善于发现）

拥有了爱心，在身心得到愉悦的同时，也要善于发现生活，善于发现生活中的真、善、美，善于发现自身的价值。这样的人生也更有意义，更有激情。

有人一生哀叹：为何"好机遇"、"好运气"从来没有碰到过我？这说明你自己有问题。机遇是同时对所有人敞开的。

有些人很成功很能干，并不是他有多么聪明高大，而是他思想里的那把钥匙厉害，能让自己懂得很多成功的道理，能够开启思想之门！那种一味灌输的思想，是不能震撼别人，也不能打动别人的。看书，是一种真正的自我发现，就好像有一座金山，高人并没有创造金山，而是善于指路，所以他才高明。金山本来就存在，高人拥有金山的信息，了解找到金山的途径。其实人能开发的潜力的多少是由自己决定的，每个人自己的金山需要自己去开掘，去发现。

人的思想、智慧、爱，只有自己拥有很多很满，满得都溢出来了，才能更多地分给别人。自己有多深，自己有多厚，决定了我们能给外界多少。如果思想很浅，是挖不了多深的，所以我们要不断地自我发现、自我充实、自我丰富。

我女儿在美国出生时，医院助产士让我抱着她，亲自剪断脐带。当我剪的那一刹那，护士对婴儿说："Mother gives you your life，father sets you free."即"妈妈给你生命，爸爸给你自由。"我眼睛一下就湿了，在那一刻，我感觉到了天下所有父母的伟大，感觉到了作父亲的责任，突然发现自己对另一个生命如此重要。人的一生都在发现自我，寻找自我，了解自我，挖掘自我。

每个人都是一座有待开采的丰富宝藏，我们的天职就是力争挖掘出最璀璨的思想瑰宝，挖掘出前无古人后无来者的美丽，寻求具有自己特色的人生价值。当巨大的精神“财富”有一天完完全全展示在我们面前时，我们会情不自禁地感叹：自己真是世界上任何人都不能代替的！从亿万年前生命在地球上诞生，到亿万年后生命从地球上消失，地球上只有一个我！也只有一个你！

在《局外人》这篇小说中，阿尔伯特·加缪描写了一个几天以后将被处以死刑的人——莫尔萨特。“他独自坐在单人牢房里，顺着日光，他注意到一小方蓝天。他平生第一次真正看见了蓝天。一个成年人怎么可能是才第一次看见蓝天呢？事实上，很多人就是这样活着的，他们被囚禁于愤怒、沮丧和相信幸福与安宁只存在于未来的观念中。莫尔萨特在被处决以前还有三天时间可活。在充满觉照的那一刻，蓝天真正地存在了，而他也感受到了它。突然间，他感到与生命、与当下的联系是如此紧密。他发现生命是有意义的。他发誓要放下一切，专注地度过剩下的几天，享受每一刹那。他确实这样做了。他生命中的最后三天变成了真正的生活。执行死刑的前三个小时，牢房里来了一位牧师，希望能听到他最后的忏悔，但是莫尔萨特拒绝了。他只想一个人待着。他想尽各种办法，才把那个牧师支走。牧师走后，他自言自语地说：‘这个牧师是个活死人。’他看到，想要拯救他的那个人，比他这个即将被执行死刑的人更像死人。最后牧师失望地离开了。莫尔萨特领悟到，需要拯救的人不是他，而是那位牧师。”

看看周围，我们会看到我们中的许多人，虽然活着，但并不是真正意义上的活着，因为他们没有能够感受到当下的生命，如加缪所言，他们像活死人，像行尸走肉一样活着。

我们要善于发现人生的价值，有时人生的价值寓于才能之中，从大范畴来说，取决于是否对社会有贡献，而从小处来说，那就是是否对得起自己。能轻而易举地完成别人难以完成的工作，那就是有才能的表现，有才能就得充分发挥才行。当然，人生并不是一帆风顺的，怀才不遇的事情也时有发生，在这个时候，你应当冷静地看问题，不能把一时的曲折看成是终生的遭遇。当你自己放弃了自己后，那么曲折也就会伴随你一生了。

人生的价值就像流通着的纸币，无论是崭新的，半新不旧的，还是已经破烂不堪的，只要是同一种面值的，它们的价值就永远是一样的，不会因为他们的新旧和损坏程度而影响到它们自身的价值。对于纸币而言，谁也不会为它的经历而操心，以至产生贬低它的思想。人生也是如此，每一个人的价值就像纸币一样，不会因一两次的挫折或不幸遭遇而贬值。

生活可以是甜的，也可以是苦的，但不能是无味的。你可以胜利，也可以失败，但你不能放弃。

生命的价值在于使用，如你只在生活的海洋边徜徉，你得到的将只是一丝泡沫，一簇浪花而已。只有不畏风浪，投入到生活中去，练就驾驭风浪的本领，才可能获取大海中取之不尽的宝藏。

“君子之道，始于自强不息。”“锲而舍之，朽木不折；锲而不舍，金石可镂。”小草最大的能力，不过是挑起一粒露珠；小花最大的功能，不过是散发一缕幽香；可是无数的草和花连在一起，就形成了广阔无垠的草原。

禅的智慧要求禅修者生活在当下，注重当下的生活，寻找当下的快乐。许多心理疾病都是来自对过去的沉湎，及对未来的过高期望。所以情绪管理与心理治疗应该让患者了解到，当下的生活是最重要的。过去的已经过去，未来的还没有来，这就是禅修的“正念”。所谓正念，就是要从对过去和未来的思虑中摆脱出来，安住当下，清楚明了自己的身心内部和周遭正在发生的事物之无常无我、互即互入的本质；就是要打破自己的那种对生命中所存在的美，以及对他人的痛苦视而不见、麻木不仁的状态，从而对日常生活中优美宁静的事物保持清醒的觉照；就是要善于发现和欣赏生命中的种种奇迹并与它们融为一体。

记得曾看到，有一家厂门口立着一块牌子：本厂不称外来务工者为打工仔，谢谢合作！读罢，心中不禁涌起一股暖流。厂里接待人员介绍说，企业从人格等各方面尊重员工，员工也把公司当成他们的第二故乡，爱厂如家，敬业奉献。

人是社会的人，获得别人尊重，是每个人的内心需求。一位留学生，在美国做清洁工受到房主的尊重，令她难以忘怀。她这样写道：有一次，我去好莱坞一美国演员家做清洁工。女主人给我布置完工作，突然问我："我能够吸烟吗？"我吃了一惊，说："你是在问我吗？"她说："是啊，我想抽支烟。"我说："这是你的家呀，怎么还要问我？"她说："吸烟会妨碍你，当然该得到你允许。"我赶忙说："你以后不用问，尽管吸好啦。"房主这才拿起烟，把它点燃。我愣了许久，也想了许久。怎么这么奇怪？一个人在自己家里抽烟，还要温文尔雅地征求一个清洁工的同意。受到别人的尊重，确是一种精神上的享受。

有这样一个故事：

在第一次世界大战中，法军上校狄龙对他指挥的第80步兵团士兵悬赏：谁第一个把柴捆放到敌军的城墙下，并点燃它，将得到1000法郎。然而，却没有一个士兵听他的。

狄龙上校大为恼火，开始指责士兵贪生怕死。有一个军士长大声地说："长官，要是您不提出悬赏，您的士兵就全体行动了！"狄龙若有所悟，便大声发布命令。果然，士兵们全部前进了，整个步兵团1194人中只有90人生还。这个故事读来令人感慨。金钱无疑是值得重视的，但若以为惟有金钱才能驱动士兵们勇敢前进，无疑又是对士兵们人格尊严的侮辱。可以说，对一个士兵的最大尊重，就是对他作为军人的尊严的维护。

有时，我们确实常常忽略或忘记了，一个人，他的最高层次的需要，不是吃山珍海味、披金戴银，不是住豪华别墅、开豪华轿车，而是自我价值的充分实现。对一个人最大的尊重，就是对他人格的看重和自我价值的肯定。一个人，能得到别人的尊重，无疑是人生的最高奖赏。我想，无论是什么人，当他深切感受到别人对自己真正的尊重后，就会激发出一种强烈的尊严感和责任感，一种强烈的进取心。他就能义无反顾、尽心尽力地担负起自己应尽的责任，努力克服种种困难，去证明自己不是个弱者或者懦夫。古语云"士为知己者死"就是明证。

美国知名主持人林克莱特一天访问一名小朋友，问他说："你长大后想要做什么呀？"

小朋友天真地回答："嗯……我要当飞机的驾驶员！"

林克莱特接着问："如果有一天，你的飞机飞到太平洋上空所有引擎都熄火了，你会怎么办？"

小朋友想了想："我会先告诉坐在飞机上的人绑好安全带，然后我挂上我的降落伞跳出去。"

现场的观众大笑，也认为这个孩子是个自作聪明、不顾别人的家伙。

这时，林克莱特继续注视着这孩子，没想到，接着孩子的两行热泪夺眶而出，这才使得林克莱特发觉这孩子的悲悯之情是真实不虚的。

于是林克莱特问他说："为什么要这么做？"

小孩的答案这才透露出真挚的想法："我要去取燃料，我还要回来！"

"我还要回来！"你听到别人说话时，你真的听懂他（她）说的意思了吗？

你听懂了吗？如果不懂，就请听别人说完吧，这就是"听的艺术"。拥有"听"的艺术，才可能发现生活中的真善美。

三、关于龙潭禅师（拥抱生活）

有一首歌这样唱道：

We're gonna save the world，let's save the world.
就算灰天空，只要走向你，前面会有青色的路；
当气温升高，但想依靠你，趁日光栖身花瓣中；
夏变冬，只要感觉你，仍旧会作新鲜的梦。
就算时光催促，亦想拥抱你，到大世界里远足；
来做个奇迹，沿路有你会种满颜色，来做个见证；
种下一片灿烂记忆 la，la，la，la……
愿与你，美丽这世界，记得这畅快；
能让我爱你，美丽好世界，便有好风光不要；

Save the world, let's save—save the world...

在雨中，给我亲吻你，尤像灌溉初生的路；

就算时光催促，亦想拥抱你，到大世界里远足。

有人说，活得快乐的一个要领就是要对生活充满感激，尽管这种生活十分世俗和平庸。这话有相当的生活哲理。

这个世界诱惑太多。想上帝创世之初，竟如何匆忙地忘了赋予人类一个“知足”的天性，一个对生活充满感谢的大脑。霓虹闪烁的背后，几多对金钱的追逐、对名利的渴望淹没了生活这首歌。如何把自己交给生活呢？尽量向人道谢或许即是一种方法。有些人长到很大年纪，却还没学会说谢谢。有本书中说得好：如果你开始鼓掌，发现全场只有你一个人这么做，你就继续鼓掌下去，因为真诚的感谢和赞美永远是不会错的。

现代社会，世人都给声、光、色、高楼、速度等霸占。不知有一天人类是否会发现自己很可怜呢。有吃、有住、还有24小时不停闪光的电视……可是不觉得自己是植物人吗？这令我想起唐朝的龙潭禅师，他少年未出家时很贫困，靠卖饼为生，无处栖身，所以道悟禅师把旁边的屋子借给他住。为了表示谢意，他每天送10个饼给道悟禅师，而道悟禅师总是将一个饼回赠龙潭，并祝福地说：“这是给你的，祝你子孙繁昌。”龙潭不解，有一天他问何故，道悟禅师说：你送来的，我回送些给你有什么不对？这话打动了龙潭的心，他顿悟出家，成为一代宗师。禅师祝福里，究竟潜藏着什么玄机呢？

事实上，即使是死亡，亦是美好生活的一部分。生命的终结，也将是一桩十分平静的事，尤其当我们已经累了，这甚至可以看做是一种恩惠。

“自重者人恒重之，自轻者人恒轻之。”

我们都明晓这句话，自尊是一个人自信、自强的前提，是一个人安身立命、争取事业成功和人生幸福的先决条件之一。

人生活于天地之间，可以选择多种多样的生活道路和行为方式，但只有尊重自己的人才可能严格约束自己，具有高尚的行为，获得世人的敬重。

善于拥抱生活，是人生极致的一种表现。

自信，不但是每个人对自己的积极肯定和评价，还是一种拥抱生活的激情，要求我们坚定不移地相信自己的能力。

“怒发冲冠，凭栏处，潇潇雨歇。”

“抬望眼，仰天长啸，壮怀激烈。”

这种气魄，令读者的心开始澎湃、跳跃。满腔的激情，涌向无边的天际。

“盲人提灯笼”本是一则笑话，指一个人做事没用大脑想，尽是做些多此一举的事。最近，我从朋友那儿却得到了一种新的诠释：

> 有一位盲人在夜晚走路时手里总提着一个明亮的灯笼，别人看见了很好奇，就问他：“你自己又看不见，为什么要提灯笼走路?”
>
> 那盲人说：“这个道理很简单，我提着灯笼，并不是为自己照路，而是让别人容易看到我，不会误撞到我。这样做，是保护自己的安全，是为我自己。”

有一次，我搭朋友的车，就借花献佛，再将这则故事叙述一遍与他分享。朋友听后，颇有同感，又以自己的实际经验加以佐证。

他说：“以前我开车经过隧道，总是不喜欢开车灯。一来隧道不长，里面光线还不差；二来嫌麻烦，认为没有必要开开关关。不料，有一天，被迎面而来的大卡车撞了个正着，险些命丧黄泉。后来，我才觉悟到：开车灯是给对方看的。因为车子经过隧道，对方是从亮处进入暗处，视觉不可能马上调整过来。如果对面来车不开灯，那实在太危险了……”

假如，能学学提灯笼的盲人，为别人照路也照亮自己。时时帮助和关怀别人，别人也就帮得到你，所谓为善至乐就是这个意思吧。

一路风尘，走过多少年。过去的实在，渐渐的收缩，渐渐的模糊，亦渐亦灭。而现在的实在，却渐渐地膨胀，渐渐地强化，化成为蔚蓝色的梦想。

有时，我来到海滨，眺望着辽阔无垠的大海；受其感染，自己的胸襟也变得像大海一样坦荡开阔。聆听着永不停息的潮声，自己的信念就变得更加坚定。人投入生活越深，感受就越真。生活就像蔚蓝的天空，像浩瀚的大海。它是一幅美丽的画，是一首深沉的诗。只要我们拥有蓝色的梦想，永不放弃，生活就给会我们无尽的乐趣。

岁月之轮载着童年的欢笑、少年的梦幻、青年的激情、中年的成熟和老年的宁静，从我们的身边疾驰而过。我无语，只是默默地追逐生活的潮水，在岸边捡拾一些美丽的贝壳。一首诗这样写道：“只有在永恒的地方，我才能实现完美的渴望。我的双重翅膀——生活和梦想，在那里变换着蔚蓝和金黄。”苦难并非坏事，枯萎的小草还有再绿时，愿我们去采颉一片人生的绿叶，让生命里充满朝气蓬勃的活力，绿色永驻，绚丽多彩。只要沉浸在繁华的生活光辉中，别的一切暂时都不存在，有的只是精神的宁静和生的喜悦。“混沌的风，吹落了一轮昏黄的太阳，但他吹不去明天的希望！”因为我们还活着，用心灵去感悟生活，用快乐去拥抱今天，相信明天会更好。这就是生活。

在我的天空，无时无刻不悬着梦的彩虹。我不想重复单调的跋涉，于是梦想攀登昆仑，去冒险，去创造。

我梦想着在如漆的黑夜，去创造一个闪光的黎明；用澄清的心灵，去创造一个清新滚动的河流。我梦想是一片落叶，用生命宣告一个完美的成熟，用沉落的残躯擎起一片绿叶的天空。我仍然活着，是因为我还在梦想着。

生活是音符，我们就用梦想奏响雄浑激昂，感人肺腑的旋律。生活是色彩，我们就用梦想凝神构思，精心描绘五彩缤纷的画卷。生活是巨石，我们就用梦想精雕细刻这人类永恒的塑像。人生成长的图案，是生活作经，梦想作纬，用日子编织而成的。我们拥有了生活，我们拥有了梦想，就有了希望。梦想犹如一轮冉冉升起的朝阳，人世间所有的美，都在这里体现。它让理想增辉，让血脉跳动不安，让激情用之不竭。

生活的快乐，重要的是付出、寻找与发现。给自己创造一个无悔的人生，给生命描下一份绚丽的色彩，给生命留下一片蓝色的梦想。

这里谈谈我心目中最大的最有激情的梦想家：李白。

唐诗浩瀚，一望无垠，气象万千。李白，浩瀚苍穹中一轮皎皎明月，最引人瞩目，最动人心弦。李白的诗歌，最充分也最集中地体现了盛唐的精神风貌，在中国古代诗歌史上光照千秋。如浩月当空的李白，也最钟爱“明月”。在李白的诗中，明月无处不在，无处不闪耀着无限光华。明月，如酒一般，成了李白的精神寄托。这个诗中之仙，把青春的热情、豪迈的气概、自由的理想、人间的真情，融化进了这大自然的神器，化成了他生命的光华。李白倾其一生，以赤子之心，满怀热情去拥抱世界，去追求行事、立功，傲视一切，倾情一切。他出仕，他从戎，他放歌，他任侠，而换来的是被排挤，被放逐，被长流。对理想自由的追求，对现实的不满，对生活的激情，对权贵的傲视，化而成为一轮明月。

李白的诗歌永远充满了对人生的热恋，对自由的向往。他把济世理想和放纵不羁的个性自由统一起来，求得人生的圆满。生活中追求不到的，他渴望明月能给予他。他从小对明月就神往之：“小时不识月，呼作白玉盘。”（《古朗月行》）充满了童趣，又铺满着纯真的遐想。在恨无知音，孤独苦闷之时，企盼结明月为友：“举杯邀明月，对影成三人。月既解饮，影徒随我身。暂伴月将影，行乐须及春。我歌月徘徊，我舞影零乱。”（《月下独酌》）多么美好的月光，多美好的遐想，“对月”、“随月”、“伴月”、“舞月”，自由自在，淋漓尽致。他还依靠明月，寻找到了梦中的仙境，“我欲因之梦吴越，一夜飞渡镜湖月。湖月照我影，送我至剡溪。”（《梦游天姥吟留别》）来到青冥浩荡、其乐融融的神仙境界，与神共舞，与仙同在。然而，梦毕竟是梦，现实终归是现实，到醒来却“失向来之烟霞”。宁静、光耀的明月啊，何来真正的自由呢？无怪乎他要叹息：“海云迷驿道，江月隐乡楼。”（《寄淮南友人》）“月出峨嵋照沧海，与人万里长相随。”（《峨眉山月歌送蜀僧晏入中京》）人生道路遥遥，艰辛之中只有月光相随，所以他要“举头望明月，低头思故乡”。（《静夜思》）翘首盼归程，追求梦想之精神家园。

也许我们没有李白的诗情画意，也没有他的文笔。但我们完全可以拥有像李白一样的拥抱生活的滔滔激情。

最后，我想再说说激情拥抱生活应该注意的两点：

1. 人要能够抵制厌倦。厌倦对一个人自我发展元气的损伤无可比拟，它不但使一些平庸者更加堕落，也将磨掉一些具有才华的人的创造锋芒 。每个人都要拿出自己的激情，随时激励自己，抵制厌倦。

2. 要控制惰性，这是个阻碍成功的天敌。决不要成为“明日复明日”一族，或者用等待去制造“车到山前必有路”的侥幸心理。这产生的结果只能是棘手的事情更棘手，简单的事情不简单。克服惰性的关键在于“立即动手”。你要写东西吗？马上就去搜集材料；要搞实验吗？现在就去准备器皿；要干活了吗？马上挽起袖子。一旦着手某件事情后，就一定要完成它。人的精力，在成功之中得到更新，而在事情的拖延之中衰败。

世界属于我们每一个人。我们每天以拥抱生活拥抱世界的心态走出家门，就会越来越自信。这种自信不是来自有形的外在条件，而是来自于内心世界。终有一天，我们就能自信地对自己说：就算今天我变得一无所有，我也毫不担心，因为我自信，我可以重新获得财富和成功；因为，就我现在体内和脑里积蓄的内在潜质与能量，想失败都不可能！

四、当导演说：开始！……（激情表达）

陈阿土是台湾的农民，从来没有出过远门。攒了半辈子的钱，终于参加一个旅游团出了国。国外的一切都是非常新鲜的，关键是，陈阿土参加的是豪华团，一个人单住一个标准间。这让他新奇不已。早晨，服务生来敲门送早餐时大声说道：“Good Morning，Sir!”（先生，早安!）陈阿土愣住了。

这是什么意思呢？在自己的家乡，一般陌生的人见面都会问：“您贵姓?”于是陈阿土大声叫道：“我叫陈阿土!”

如是这般，连着三天，都是那个服务生来敲门，每天都大声说：“Good Morning，Sir!”而陈阿土亦大声回道：“我叫陈阿土!”但他非常的生气。这个服务生也太笨了，天天问自己叫什么，告诉他又记不住，很烦的。终于他忍不住去问导游“Good Morning，Sir!”是什么意思？导游告诉了他是“早安”，天啊！真是丢脸死了。陈阿土反复练习“Good Morning，Sir!”以便能体面地应对服务生。

又一天的早晨，服务生照常来敲门，门一开陈阿土就大声叫道：“Good Morning，Sir!”

与此同时，服务生大叫的却是：“我是陈阿土！”

这个故事告诉我们，人与人交往，常常是意志力与意志力的较量。不是你影响他，就是他影响你，而我们要想成功，一定要培养自己的影响力，只有影响力大的人才可以成为强者。培养自己的影响力，就要激情表达。

激情表达是一种魅力人生，是一种洒脱看世界的方式。我们在有的旅游网站看到描述人们滑雪生活的漫画作品，将学习滑雪、享受滑雪的过程中所经历的尴尬、喜悦、自由、激情表达得淋漓尽致，或诙谐、或优美，令人忍俊不禁。

世界著名的舞蹈家邓肯流畅的舞姿正是来自于她心中的激情。在她心中创造出了一种全新的舞蹈，艺术成为了一种发自内心的激情。在邓肯的心中这种全新舞蹈的灵魂就是一种发自心灵深处的对于激情的渴望，对自由的向往。她无拘无束的舞步，恰似行云流水般的流畅。

古代大文豪苏轼在《水调歌头》中写道：“遥想公谨当年，小乔出嫁了，羽扇冠巾，谈笑间强奴灰飞烟灭！”面对强大的曹操军队，为什么周瑜竟能潇洒自如地将强大的曹军打得落荒而逃呢？因为他自信！自信让他轻松运筹帷幄，会“敌不攻自破”。有种“我的世界我掌控”的磅礴大气。拥有了极度的自信后，就要激情表达，表达出自己的理想，表达出自己的魅力。

美国有一个百万富翁，虽然中学都没读完，但很勤奋，做生意很成功。他曾很自信地说：“并不是这些钱让我他自信，而是我走过的路让我自信，因为这条路既然我已成功走过来一次，我还可以再走一次，我没有任何恐惧和担忧！”显而易见，这位富翁的成功，源于他的自信，源于对生活的激情！

所以，激情表达可以用在艺术上、文学上、乃至日常生活中，如果你在日常生活中，时刻拥有一颗激情表达的心，还会有什么困难不能克服吗？

在现实生活中，我们见到一些人，集权势与成功于一身，有人不禁感慨地说：“他运气太好了。”那么，到底什么是运气呢？《简明牛津辞典》上写道：“运气，即命运赐予的好机会。”这是否意味着运气是可遇而不可求的呢？常言道：“机遇只垂青于有准备的人。”取得重大成果的科学家没有哪个是望着天空寻找灵感就万事如意了。只有藉着博览群书，反复实验，才能激发出新思想，发掘出事物的内在关联，变可能为事实。这时，幸运女神才会降临。

问题的关键在于：机遇是偶然的，但识别并能抓住和利用机遇的能力，却绝非偶然。感知到即将来临的机遇，需要你有敏捷的智慧，能抓住机遇，而且还需要吃苦耐劳的精神。把成功的希望寄托于魅力、容貌和后台是错误而可笑的。而灰心丧气、满足现状则更是软弱无能的表现。因为：成功的关键之一在于激情。对于精神委靡的人来说，任何影响和后台都派不上用场；世界属于那些精力旺盛充满激情的人。

善于表达自己的能力，也就是说要善于表达自己的观点和思想，并且想办法说服别人。英语的 presentation，意思是把自己的观点充分地表达出来。但是这个单词却没有很恰当的对应的中文翻译。以前中国的教育体系从小学到大学没有一个老师告诉你要站起来勇敢地说话。孩子就逐渐养成默默无闻地对待任何人的观点，而且不加以反驳，以至于最后没有了自己的观点和思想，失去了创新精神，失去了独立思考的能力。

再举一个例子。在20世纪初，民主（Democracy）和科学（Science）概念进入中国的时候，当时也没有对应的中文翻译。所以最后不得不把它翻译成“德先生”和“赛先生”。现在听起来有点滑稽，当时却没人发笑。

进入美国大学以后，最重要的就是要训练表达能力。美国的教授不是希望，而是要求学生大胆地表达自己的观点和思想。如果你现在意识到了presentation的重要性并且开始锻炼自己的表达能力，那么你以后去留学就会很快适应国外的学习和生活。美国大学有人说，中国学生高分低能。实际上，高分的中国学生根本就不低能。他们为什么会给美国教授留下低能的印象？理由很简单，因为中国学生有话在心口难开，也就是常说的“茶壶煮饺子心里有数”。所以给人的印象就比较木讷和内向，这在中国社会也许表明自己谦虚和不出头，但是在美国这种开放、竞争和强调个人发挥的社会中，就变成一种负面的状态。

人最重要的是锻炼自己的能力，锻炼自己确定目标的能力，锻炼自己的竞争能力，锻炼自己的技术能力，锻炼自己与人打交道的能力，锻炼自己的心理和生理承受能力。有了这些能力，哪怕有一天你走入非洲丛林之中，也很快会变成一群猴子或大猩猩的头领。如果你没有这些能力，即使把你放到社会的最上层，同样会很快摔下来，并且还不知道是怎么摔下来的。

我发现，有些很聪明又肯吃苦耐劳的中国人，在外企的职业生涯却并不顺利。可能原因有很多，但他们不知道如何有效地沟通是共同弱点。有些人是因为英文不过关，不能清晰流畅地表达自己的意思，还有些人是因为不了解西方的交流方式，造成了很多沟通上的误会或是闹了些笑话。

毋庸质疑，良好的英语沟通能力是进入外企也是在外企扎根的基础。在与外籍人士打交道时，拥有良好的口语表达能力是关键。

但是，这时会有人产生疑问："我口语已经非常流利，与外国人进行自由对话不是问题，为什么我还是不能有效沟通呢？"这是因为你在了解外国人思维方式方面可能还有些欠缺。举个例子，我们中国人说话一般都比较含蓄，有时转弯抹角，不是直来直去的。一个中国人如果想请另一个人帮忙，那么他很有可能会先问一句"你现在有空吗？"或"你什么时候方便？"美国人很少先这样问。因为美国人的思维是：你没空或不方便，你自然会告诉我；而且，你真想帮，即使没空或不方便你也会想办法。再举个例子，美国人，哪怕只是普通雇员或新来的，也很习惯在开大会的时候，轻松地对老板和同事自如地表达自己的意见。他们不会脸红气嘘，蓄势半天才张口。而外企有的中国雇员，脑子里有很好的主意，却不习惯在开会时大声发言，或认为自己人微言轻，少说为妙。这在外国老板眼中，甚至可能造成无能和工作不够积极的印象。多冤枉。

东方人以和为贵，特别是中国传统的儒家思想在人生的哲理上讲"中庸"。所谓中庸，其实就是一种自处的学问，通过对自我价值的理性认识，显出一种锋芒不露的气质，低调而有内涵。受此影响，中国人的激情往往蓄藏在内心。

西方文化崇尚个性张扬和独立思维。这样的差异源于不同的教育方式，许多中国人更喜欢做一个被动的倾听者，更擅长记忆，而缺乏表达思想的能力。一种解决这类问题的办法是上一个讲演培训班，强化训练自己的讲演技巧，并且主动参加小组讨论。如果你有不同于其他人的意见，积极地把它说出来，相信你的老板会欣赏你的直率，并且会认为你比那些默默无闻的人更有价值。

中国人的含蓄不仅仅表现在说话方式上，同时也表现在对待自己取得成绩时的态度。如果你打了一个漂亮仗，应该让周围所有的人都知道，这并不是炫耀。另外，许多中国人羞于向老板提条件，特别是在钱的方面，中国人极难启齿。我就知道许多中国雇员从没向自己的老板提过加薪的要求。尽管他们心里很清楚自己的薪水远低于实际付出。对于这种情况，一般美国老板都不会给你加薪的，他们认为你不提，表明你在这里工作得很愉快。因此，在年终总结时，如果你是最出色的，就告诉他们你的价值和贡献，然后要求加薪吧！

凭良心做事，诚信待人。在你所在的团队中，对你的客户、你的工作伙伴、你的老板、你公司的股东，你都应该以诚相待，建立一个良好的诚信氛围。

生活没有捷径，就像没有免费午餐一样。许多人曾经非常羡慕那些在.com热潮中财富迅速膨胀的IT巨富，但是大家只注意到了成功结果，而忽视了他们之前所付出的一切：创业时的巨大风险、加班没有任何报酬，以及长期默默无闻的工作，等等。

人最简单的事情是说话，最复杂的事情也是说话。最不费力的事情是说话，最费劲的事情也是说话。最不需要训练的是说话，最需要雕琢的是也说话。说话是艺术，谁能掌握好，很多难题都可以在激情表达中迎刃而解。现在这个社会早已不是刀耕火种时代，而是信息社会，信息时代。最善于交流和最善于表达的人，是社会最需要的人才。所以在美国，挣钱最多的人常常是最会说话的人，比如电视台和电台的脱口秀主持人等。

人的言辞反映出一个人独特的精神风貌，一个人的日常用语也从侧面反映着这个人的思维观念和思维方式。如果你经常用充满活力的言辞表达你的思想，那么你也一定是一个积极向上的人。

每个人都应把口才作为第一个要掌握的技能，只有这样你才能得心应手地激情表达。但是大多数人没有这个能力。有一个专业的论述说到：增强自己的语言能力和口才，是所有能力之上的能力。人走入社会，进入工作状态，就像一个电视主持人快开镜前的心态：整理自己形象后，放松地深呼吸一下，一旦导演说：开始！马上，他的语气、表情、神态、手势、音量都会变得与他平常不同，好像一刹那变成了另一个人。他们要把自己最好的一面，长期准备的东西，浓缩到此时此刻献给大家。这种状态不是几天，而是一生的准备。短短几十分钟的表演，聚集了他们一生的灵敏、机智和幽默。试想一下，如果我们每个人上班的时候都能够以那种面貌心态、那种激情，走入公司，面对顾客，面对老板，面对同事，面对挑战，你离成功还会远吗？

激情表达，创魅力人生！

起 因
Origin

Life is fleeting...

人生转瞬即逝……

克林顿对我影响最深远，在改变了我一生的话中，下面两段我终生受益最大。这也是我出版本书的起因。这些话使我领悟到人生真谛和成功要素，使我开始珍惜每一周的每五个工作日，使我立志要掌控自己的生活及决定自己的命运，并促使我实现了同时拥有金钱、爱情、成功、幸福的人生梦想……你如真的听进心里去，这些看似简单的话也会改变你的一生：

Life is fleeting; seize every day of every week...

人生转瞬即逝，要珍惜每个星期的每一天……

If you can control your mind and what you think everyday, you can control your life, and determine your own destiny...

如果你能控制你的思维，能控制每天都在想什么，你就能掌控你的生活，从而决定自己的命运……

并非结束语
Not a Conclusion

Every human being desires success and happiness，why do only a few get everything they want，while others are trapped in a hopeless struggle everyday，just to put bread on the table. . . Read on. . .

人人都想成功，人人都渴望幸福，为什么有的人拥有一切，而有的人却每天在为温饱挣扎，看不到希望……请往下读……

附：

富翁们白手起家、功成名就的12个共有的性格特征

一、耶鲁大学也只有4%真有出息

耶鲁大学的科研人员对学校中的学生们做了一项调查，问题就是“你们有目标吗?”结果只有10%的学生确认他们有目标。然后科研人员又问：“如果你们有目标，那么你们是否把自己的目标写下来了呢?”这次的回答只有4%的学生是肯定的。20年后，当耶鲁大学的研究人员追访当年参与调查的学生时发现，当年把自己的人生目标写下来的那些人，无论是事业还是生活，都远远超过了另外那些没有这样做的同学。就这4%的人所拥有的财富居然超过了96%的人的总和。

明确的目标是成功的一半。

要成功地到达彼岸，必须具有明确的目标。譬如技艺再高超的射击手，如果把他的眼睛蒙上，一旦失去了方向，没有了目标，他甚至

无法同一位技艺平平而可以通过眼睛来定位方向的一般射击手相比。

人们都知道，夏利和法拉利赛车，一定是法拉利赢。

假如我开夏利，你开法拉利，然后我们来比赛看谁能先到达目的地，两个目的地的距离完全相同，但在不同的城区。目的地的名字就放在方向盘上的一个信封里。

我们同时进车。

我的夏利车的信封里，清楚地标明我必须去的地点。

而当你一上法拉利，打开信封才发现，里面是白纸一张，哪里有地名目标？这时，你还认为夏利一定会输给法拉利吗？

没有目标的人生，即使是智勇双全的人生，也只能像那性能优良却没有目的法拉利，无所适从，枉费一世。

一个人之所以会成功，是因为他锁定了一个目标，不但明确、不更改，而且还持续不断地朝着它前进，终究会实现目标的。

成功的人往往有明确的目标，他们在工作上、生活上、学习上、人际关系上，都有明确的目标，目标就是他们成功的方向，他们成功的彼岸，目标就是一个人成功的殿堂。为什么有人心胸宽广？因为他目标远大。有的人为什么心胸狭窄？因为他目光短浅。世界上没有懒惰的人，只有缺乏目标的人。如果你缺乏目标，你一定会懒惰。

心理学家认为：“一个人的一生，总有大大小小的梦想。梦想是一个人的精神支柱，如果一个人没有了任何追求，他就很难愉快地生活下去。”这话是很有道理的。人的一生可以有不同的追求，在工作的不同阶段，要对事物发展进行分析，确定下一步方案。

将计划的详细步骤列出来，可帮助你有效地对付工作或环境等条件变化可能带来的不利影响。一般说来，最好是建立近期目标、中期目标、长期目标。所有目标必须明确、具体、特定、有时限，而且难度适中。在实际操作中，要突破近期目标，把握中期目标，着眼长期目标。短期目标要具体、明确，容易达到，便于检查；中期目标要有衔接性、系统性；长期目标要有激励性、令人向往。

一位医生对活到百岁的老人的特点做了大量研究，他惊奇地发现，这些寿星在饮食和运动方面没有什么共同特点，他们的共同特点是对待未来的态度——他们都有人生目标。

人类和动物的最大不同点就是人有目标、能定计划，并运用思考。思考可以使人生美好，换言之，为了使人生更美好，必须有计划。人生没有计划和目标，便会觉得很无趣，像风吹的浮萍一般，随波逐流。为了成功，你必须及早订立明确的目标，同时，努力实现它。定了目标之后，不管目标是什么，都必须有务必实现的决心，才能称之为“目标”。订了明确的目标之后，就要尽快地达成，这是最重要的先决条件。

心中有希望，有目标，才能实现目标，从而走向成功。记得我刚谈恋爱时，承诺她：将来我们一定会拥有自己的汽车。她当时以为是玩笑话，并不在意，而我却在心中播下了希望。今天看来，正是当时的承诺，激励我走到了今天，而我如今所拥有的远远不是一辆汽车所能比的。

我每次开车从旧金山的金门大桥过时，看到桥下那一排排在风中行驶的帆船，我就有一种别样的感触，人生又何尝不是正在行驶着的帆船，时刻都在漂泊不定的风中寻找真正属于自己的港湾。只有找准了方向，才会义无返顾的驶去。

有了明确的目标，才会为行动指出正确的方向，才会在实现目标的道路上少走弯路。事实上，漫无目标，或目标过多，都会阻碍我们前进，要实现自己的心中所想，如果不切实际，最终可能是一事无成。

“成功学”的奠基人卡耐基，他所教诲的第一个成功原则，就是要明确目标。他原本是一家钢铁厂的工人，但他凭着以制造及销售比其他同行更高品质的钢铁为明确的目标，而成为全国最富的人之一。

明确目标的意义在于以下几点：

1. 它使你的行动更具有方向性，节省更多的时间和精力。如果你明确了自己要成为一个文学家，或小说作家，你就应该把全部精力用在这个领域上，不必等到大学中文系毕业，拿到了文凭后，才开始动手创作。如果你明确想设计一项发明，为什么非要学完所有大学规定的物理学或高等数学课程呢？

2. 它使你更容易抓住机会。都知道机会是给予那些有准备的人的。明确你要做什么，你就会对眼前相关的机会有高度的警觉性。

3. 使你更具有决断力。成功的人能迅速做出决定，并且不会经常变更，原因就在于他有明确的目标；而失败的人做决定时往往很慢，且经常变更决定的内容，原因就在于没有明确的目标。

明确目标不只是一个愿望而已，必须形成一股强烈的内在动力。

有句谚语说得好：

"如果你只想芳香几天，就种花；
如果你只想传颂几年，就种树；
如果你想流传千秋万世，就种植观念！"

要设立明确的发展目标，并且能够坚信它，就必须发自内心地去思考一些观念的东西。目标就是力量，奋斗才会成功。古今中外凡在智能上有所发展、事业上有所成就的人，无不有着明确而坚定的目标。因为坚定目标的意义，不仅在于面对种种挫折与困难时能百折不挠，抓住成功的契机，让梦想一步步变为现实；更重要的，还在于身处逆境能产生巨大的奋进激情，使自己的潜能得到最大发掘与释放。

第一个共有的性格特征：有明确的目标。

二、世界首富有个秘密……

我常常听到好多人抱怨："工作真辛苦！真希望一辈子不用工作！"

以前我也时常这样想，最后我终于找到了秘诀：现在我一辈子也不用工作了。

你们是不是很想知道这是如何做到的？让我告诉你，那就是做一份你真正喜欢的工作。

当你找到一份你真正喜欢的工作，并且一辈子做它的时候，事实上你是在从事和发展你的兴趣，并不是在工作。千万不要以为我在跟你们开玩笑，因为做自己喜欢的事情是成功的重要秘诀。迈克尔·乔丹34岁便已经有8000万美金的年收入，其中大部分都是耐克、麦当劳、香水厂商及很多其他厂商给他的广告费和红利。这些是他以拍广告为工作而得来的收入吗？并不是，他是做他真正喜欢的工作——打篮球。当他把篮球打好了，金钱、名声、副业、享受便紧跟着来，甚至他还到好莱坞拍电影。他并不是在为赚钱而工作，也不是在为出名而工作，他是因为喜欢打篮球而去打篮球。曾经，他也对篮球失去过热情，放弃他如日中天的篮球事业，去打棒球。因为他小时候最大的兴趣除了篮球就是棒球，但后来发现这不是他想要的，于是他又重新燃起了对篮球的兴趣，重返篮球后，更上一层楼。

大部分人都在为赚钱而工作，为生活而工作，为不得已而工作，根本不喜欢自己的工作，毫无热情地对待工作。上班一条虫，下班一条龙。试问，这样的人，怎么会成功，怎么会快乐呢？

成功需要全力以赴，全力以赴需要你对它有极大的热情与兴趣，过程中一定会遇到挫折。如果你现在做的事业不是你的兴趣，你不喜爱它，是很难坚持到底的。

微软公司的总裁比尔·盖茨是如何成功的呢？他们公司的行销部经理说，比尔·盖茨本人是个工作狂，对工作抱有极大的狂热，经常坐在电脑桌前不知黑夜白天地工作十多个小时，然后，吃一个汉堡，也不确定是中餐或晚餐，接着，趴在桌上睡着，几个小时后继续这样的流程。

其实，比尔·盖茨中学时代便已经将电脑作为他毕生的兴趣了，他甚至可以免费为别人设计软件，只为了有使用电脑的机会。试想这样一个热爱电脑的人，对这份工作能不全力以赴吗？这样全力以赴工作的人能不成功吗？

热爱，是所有伟大成就的取得过程中，最具有活力的因素。它融入了每一项发明、每一幅书画、每一尊雕塑、每一首伟大的诗、每一部让世人惊叹的小说或文章当中。它是一种精神的力量。它只有在更高级的力量中才会生发出来。

选自己喜爱的事来做，一辈子为之奋斗是一种幸运。

对事业的热爱是成功的前提。热爱是战胜所有困难的强大力量，它使你保持清醒，使全身所有的神经都处于兴奋状态，去进行你内心渴望的事；它不能容忍任何有碍于实现既定目标的干扰。

著名音乐家亨德尔年幼时，家人不准他去碰乐器，不让他去上学，哪怕是学习一个音符。但这一切又有什么用呢？他在半夜里悄悄地跑到秘密的阁楼里去弹钢琴。

莫扎特孩提时，整天要做大量的苦工，但是到了晚上他就偷偷地去教堂聆听风琴演奏，将他的全部身心都融化在音乐之中。

巴赫年幼时只能在月光底下抄写学习的东西，连点一支蜡烛的要求也被蛮横地拒绝了。当那些手抄的资料被没收后，他依然没有灰心丧气。

同样地，皮鞭和责骂反而使儿童时代充满热忱的奥利·布尔更专注地投入到他的小提琴曲中去。

没有热爱，雕塑就不会栩栩如生，音乐就不会如此动听，人类就没有驾驭自然的力量，给人们留下深刻印象的雄伟建筑就不会拔地而起，诗歌就不能打动人的心灵，这个世界上也就不会有慷慨无私的爱。

在确立将来事业的目标时，不要忘了扪心自问："这是不是我最热爱的专业？我是否愿意全力投入？"只有做自己热爱的事，才容易对自己所选择从事的工作充满激情和想像力，对前进途中可能出现的各种艰难险阻无所畏惧，进而不断地挑战自我、完善自我，让自己的一生过得精彩又充实。

做自己热爱的事，会有积极的心态，从工作中享受着一生中前所未有的快乐。爱因斯坦正是有着对自然科学深深的热爱，才督促自己不断的探索，终于提出震惊世界的相对论的。

做自己热爱的事，会有满腔的热情，从此就再也不会感觉是在上班，如果成功了，也会有巨大的乐趣。很多人，你问他："你这么有钱，怎么还不去度假？"其实，因为热爱，工作对他们来说已是在度假，一旦离开，反而会感觉生活乏味。

成功人士往往是兴趣广博的人，他们的独创精神来自他们的博学。要成功必须对他所从事的事物感兴趣，工作或研究应该成为他们生活的一部分，被他视为乐趣和爱好。

瓦特小时候在厨房里看见水壶被什么东西顶起来，感觉很奇怪，掀开盖一看，只有蒸汽，别的什么也没有。蒸汽能有这么大力量？如果有更多的水，不是会产生更大的力量吗？经过长期研究和实验，瓦特终于发明了蒸汽机。

要想获得成功，最好是做自己热爱的事。其实，追求成功又何尝不像在追求女朋友，如果你想恋爱成功，就必须让女孩子爱上你；如果你想让成功靠近你，就要让成功爱上你。做自己热爱的事，是最美好的事；正因为是最美好的事，也是梦想中的事。

所以为什么不去寻找你所热爱的工作呢？有时候一份你热爱的工作会为你带来自信、魅力，当然还有精神上和物质上的财富。

只有热爱你的工作，才能成功。

第二个共有的性格特征：做自己热爱的事。

三、“足球先生”的梦

只要敢梦敢想，美梦一定会成真。任何伟大的人，任何伟大的发明都源于一个伟大的梦想，伟大绝对不是碰巧发生的事，所以一个追求卓越的人也必须是卓越梦想的拥有者，但是同时他也必须要是卓越梦想的实践家。梦想如果没有经过实践，梦想就会变成幻想甚至变成不切实际的空想；而没有梦想的实践家，就像大海中有动力但是却没有方向的船一样，茫茫然不知何去何从。

带着鱼竿和猎枪，郊游 80 公里，来到浓密树林打猎和垂钓，是曼里的爱好。在那里劳碌一两天，再走回来是一种愉快。

他惟一的烦恼是，作为保险业务的推销员，工作时间太多，影响着他的玩兴。有一天，他非常不乐意地离开心爱的鲈鱼湖，回到工作台。就在这个时候，他产生了不着边际的想法：如果有一些人住在地老天荒的地方，而这些人又正好需要保险，那么他就可以在野外开展工作。有心去调查，曼里真的发现有这样一群人：绵延在 800 公里长的铁路线上，他们在野外从事修建铁路的工作，住在很分散的临时搭建的房子里。如果向他们兜售保单会是怎样的结果呢？

想干就干，说干就干，他马上着手制定计划。首先请教了旅行代理人，然后开始整装出发。为了使自己的想法不因怀疑、犹豫而搁置，他立即乘船到阿拉斯加的西沃德半岛。

在铁路沿线他往返多次，人们称他为“徒步斯威兹”。后来他成了这些孤独家庭中的常客，他们也欢迎他的到来。他向他们推销保单，也免费帮他们理发，向那些只吃罐头食品和火腿的单身汉传授烹饪技术。这样的时候，他既在做自己想做的事，也是在做自然而来的事情，他踏遍群山，打猎、钓鱼，顺便卖保单。什么都没耽误。

曼里后来在寿险业务方面获得“百万美元圆桌英雄”的荣誉。简直令人难以置信！在荒野中，走无人愿意走的路，还做下百万美元的业务。这一切全归于他那“不切实际”的想法，源于他的事业与娱乐兼得的梦想。在梦开始的地方，他不犹豫，不徘徊，不置疑，立即行动，终于梦想成真。

对于一个追求卓越的人来说，在大脑中拥有以及勾勒出卓越的梦想、蓝图和实践卓越的行动力，两者是同等重要，而且缺一不可。千万不要变成梦想的巨人，行动的侏儒。

1996年，当时还随健力宝队在巴西留学的李铁，曾在一篇《当我25岁的时候》文章中这样梦想道：

> 25岁的时候，将是我足球生涯第一个顶峰的到来，我在地方队是绝对的主力，并获得了一次或者多次的全国冠军及“金球奖”，我在国家队的位置无人能替代。在2002年的世界杯预选赛上，我和其他人将作为第一批站在亚洲足坛最高点的中国人，并将在世界杯上有惊人的表现。到那时，我将到日本或欧洲去踢球，让更多的人了解我，了解中国。

这曾经是李铁的一个梦，一个中国足球员的梦想。今天，当我们回过头去重温李铁这个梦的时候，我们发现，李铁当时的梦想几乎全部兑现了：李铁在去英国前是辽宁队的绝对主力；李铁凭借他的出色表现获得了2001年度的“中国足球先生”；李铁出国前在中国国家队的位置是无人能替；李铁代表中国队首次参加了世界杯足球赛；李铁于2002年8月1日离开中国前往英超埃弗顿队踢球；之后不久李铁与孙继海一起又被选入了亚洲明星队。

一个梦，无一漏网地被全部兑现，应该说是非常灿烂的。但要实现梦想，首先是要敢于梦想。如果一个人没有梦想，或者不敢做梦，那么在一个没有梦想的世界里，人充其量只是一个他人脚步的跟随者，而难以成为一个创造者。当年看到李铁梦想的人当中，肯定会有不少人在暗自嘲笑：你瞧你踢了几脚球就不知道自己姓什么了，还想得“金球奖”，又想去欧洲踢球，居然还想去踢世界杯！一点都不谦虚，你看我们老一辈人冲了多少年了还没冲出亚洲，就凭你们这几个小毛孩就能冲出去？别太狂了，虚心点吧！

这是一种典型的陈旧的中国式思维。在这种思维下，一般人是不太敢做梦的。尤其是当“做白日梦”在中国作为一种贬义词的时候，那么当白日梦想被抑制之后，很多人就只能习惯在夜里梦游了。

敢梦敢想、肯拼肯做是一个卓越人的特质。不敢梦，不敢想，走一步算一步，并不代表脚踏实地，那代表你将永远无法达到卓越的境界。因为，对于梦想的渴望，会使一个人产生一种想全力以赴来尽快完成目标的急迫感，而这份急迫感会自然而然变成你日常工作过程中最好的监督者，他会不断地在你的身边告诉你：再加油一点、再进步一点、再努力一点、再用心一点，所以这份急迫感是一个卓越人的好朋友，而且是个值得深交的好朋友！

一个想法开创出一番事业，靠的就是行动。面对自己的灵感，我们不能胆怯。看似荒唐无稽，实是可贵珍奇。要使思想的花朵蓬勃绽放，就要勤于培育。当然，一个未经实验的想法要真正付诸行动，需要巨大的勇气。我们从上面的事例中已经看到：勇气将产生可观的结果。没有试过，怎么知道自己的梦想能不能实现呢？

一个人只要有梦想肯努力，当他离开人世的那天，就不会抱怨说这一辈子，上帝都没给他一个实现梦想的机会。因为博爱的造物主，它替我们设想的梦想，远比我们所能想到的深远。

细想起来，人类现代的发展历史就是人类实现梦想的过程。电话曾经是人类的一个梦想，飞机也曾经是人类的一个梦想，同样电脑和网络更是人类曾经的一个梦想，然而现在这一切的梦想都已经实现了。今天，人类又开始了新一轮的梦想：生命科学的发展让人类彻底摆脱疾病的困扰；宇宙空间的探索让人类有可能飞跃到地球之外……

第三个共有的性格特征：敢于梦想。

四、老鹰为什么能活70岁

一个人成功不单单是靠自己，还要靠别人帮助，你越愿意付出，越愿意与别人分享你所拥有的，就会有越多人愿意帮助你。

人最大的弱点之一，就是在色彩斑斓的世界中容易迷失自己，幸福只眷顾勇于付出的人。

巴克莱博士指出："要行动一定要牺牲，而我们都不愿意牺牲。"这首先对那些"白日梦症"而言适用：他们羡慕成功时的荣耀、理想实现后的辉煌，却不愿为此付出劳动。

一个年轻人问爱迪生："我什么时候才能像您一样闻名世界?"爱迪生说："你死后很快就会名扬世界了。"年轻人很惊讶。爱迪生说："如果你只是空想，无所事事地度过了一生，那么你死后就会成为那些空想者的一面镜子，大家会经常提到你的名字，以教育后代。这样，你不就闻名天下了吗?"每个人都渴望拥有幸福，而幸福往往只眷顾那些敢于尝试、勇于付出的人。

老鹰在40岁时，经过痛苦的换喙、拔毛过程，重新得力展翅飞翔。我虽然常有机会看见老鹰，不过总是远远地欣赏它的神采，从没想过老鹰的生命可以带给我这么大的激励。

最近有个老友，忽然决定放下工作，带着妻小出国读书，临行前他没有告诉我这是哪里来的勇气，只是给我发了一封E-mail，告诉我，他出国后的联络方式及这个老鹰的故事：

老鹰是世界上寿命最长的鸟类，它的一生可以长达70年。不过要活那么长的寿命，它在40岁的时候，必须做出一个困难却非常关键的决定。因为当老鹰活到40岁时，它的爪子开始老化，无法有效地抓住猎物，它的喙也渐渐变得又长又弯，几乎碰到胸膛。而它的翅膀也因为羽毛长得又浓又厚，所以变得十分沉重，也使得飞翔更加吃力。

这时候的老鹰只有两种选择：等死；或是一个十分痛苦的更新过程。它必须在悬崖上筑一个特别的巢，并且停在那里，不得飞翔，进行长达150天的痛苦过程。老鹰首先用它的喙敲击岩石，直到完全脱落，然后静静地等待新的喙长出来。接着，它再用新长出来的喙，把原来的爪子，一根一根地拔出来。然后当新的爪子长出来后，再把自己身上又浓又密的羽毛一根根地拔掉。5个月后，新的羽毛长出来了，老鹰重新得力又开始飞翔，再过30年展翅飞腾的岁月。

看完这篇“老鹰的故事”，忽然觉得眼睛一亮，好像为长期以来不断因为忙碌，而深陷在倦意和无力感中的自己，开启了一个鲜活的眼界。会不会因为多年累积出来的习惯、自己已经熟练不愿放弃的方法、他人或自我过高的期许、不肯原谅和被原谅的过去……渐渐成为我们的重担？会不会因为一直以来我们只吃合自己口味的东西，只依自己脾气的好恶来看人，只走熟悉的路，只用旧有的经验判断，只以固定的模式响应……以至于总是有家族遗传的习性或疾病，以至于错过了许多值得欣赏的朋友与风景，以至于工作不能再上一层楼，以至于生活不再有惊喜？而这些我们自己紧紧抓在手里的，会不会在不知不觉中逐渐成为生命和身体难以承受的包袱，开始拖磨我们的意志，使我们不再期待、不再尝试、不再做梦、不再勇于付出？生命渐渐失去了光彩，熄灭了起初的热情。

透过老鹰重新得力的过程，让我醒悟到，只要愿意付出代价让自己重头来过，放下过去习惯的公式思考，停止选择那轻松的、容易的、习惯的、推托的、容易放弃的态度，纵使必须经历一段重头来过的辛苦，但相信：我们必能重新得力，展翅飞腾。

日本东京岛村产业公司董事长岛村创业时先以五角钱的价格购进45厘米长的麻绳，然后原价卖给东京一带的工厂。由于价格便宜，很多公司成为岛村的客户。一年后，岛村拿着购货收据找到客户，说明实情，客户为他的真情感动，自愿把价格提高到5角5分。接着他又去麻绳厂交涉，厂家看到他给客户的收据存根，十分感动，答应每根麻绳的售价降为4角5分。买主卖主一升一降，岛村每根绳子可获利1角，按照每天1000万条交货量计算，他一年的利润就是100万日元。岛村由此发展起来。

上帝是公平的，只要你有付出，就有回报！不要去想什么时候会有收获，关键是你有没有百分之百的付出，学习是如此，工作是如此，做人更是如此。付出百分百的努力，去争取即使百分之一的机会，决不放弃！

第四个共有的性格特征：勇于付出。

五、谁说你已经有了世上最大的财富

巴尔扎克说：“从个人角度看，一个人拥有最大的财富就是自己的时间。”因此，合理地利用时间是一门学问，对一个人的成功显得尤为重要。

一个成功的人，是能够利用比别人少的时间，做比别人多的事情的。

明智地利用效率高峰时间

何时是做最重要工作的最佳时间呢？美国芝加哥大学生理学家纳撒尼尔博士证明，正常人的体温一天内变化多达 3 华氏度。体温的变化直接关系到你工作效率的高低，思想的敏捷程度和心情舒畅与否。

早上赖在床上不起，就会占去你做很多事情的时间。一位大忙人对我说："很久以前，我就学会了每天节省 20 到 50 分钟的方法。办法很简单，就是一睡醒，就立即起床。赖着不起只能推迟，你并不能得到真正的休息。"

人们在上午 11 点和晚上 9 点左右思维最为活跃，午后逐渐感到困倦，两三点钟是低潮，效率最低。下午 6 点到 8 点，人的体温达到最高，许多人的思维活跃程度降低。

要把你效率高的时段用来处理难度大或者有创造性的工作。在效率低的时段可以集中精力读报、清理或分检邮件。和精神状态相适应，你就可以用较少的时间完成更多的事情。

制定工作计划

时间管理专家认为，一天最有效率的时间是做预先计划的工作。20 分钟的安排可以省掉多余的一小时的考虑：什么必须做。不要把什么事都记在脑子里。把要做的事情写下来，这样你就能腾出脑子去做更富创造性的工作。

每天列一个清单。如果少于 10 项，就用数字按优先顺序排。如果很多，就把急迫的工作归为"A"类；次要的事情归为"B"类；不重要的事归为"C"类。

纽约市律师克里斯汀是一位 4 个孩子的母亲。她不到 10 分钟就列出每天要做的家务活。通过周密的安排，她就能自如地处理家庭和工作，同时长期参与教会的各种活动和学院董事会的工作，而且每样事情都做得非常出色。

休息一下

利用好每一分钟并不是说要强迫自己忙个不停。打破常规可以让你把工作做得更好。运动可以使头脑清醒，身心放松。甚至10分钟交替进行的浅短呼吸和深呼吸运动也会使人精神饱满或平静下来。

事情处理好的人不爱浪费时间于无聊的争论。如果你选择争吵，争吵就会聚在你周围，你会发现身边是一群好争论的失败者。无疑你也会走向失败。

本末倒置

失败者做事往往不分轻重缓急。

事实上，没有一个人有足够的时间去处理每件事情。就算真正重要的事情也处理不完。然而不成功的人，甚至不知道应该优先处理最重要的事情。他们也不知道，为了重要的事情而放弃微不足道的东西，算不上什么牺牲。

人生的每一件事情都跟时间有关。善于利用时间的人对时间这个工具在自己走向成功的历程中，应扮演什么角色，心里是很明白的。

一谈到时间管理，多数人都会想到：一是在工作上如何有效地利用时间。这方面有很多相关书籍及专家的建议，比如写工作计划，用ABCD列出每天要做的事的优先次序，然后按序执行。二是在业余时如何有效地利用时间。

进行时间管理，应该涉及人生的8大领域，而不仅是某一两个领域。这8个领域是：健康、工作、心智、人际关系、理财、家庭、心灵思考、休闲。

时间管理就是耕耘你自己。时间管理，实际上是你把有效的时间，投资于你要成为的人或你想做成的事。你对什么进行投资就会收获什么，你投资于健康就会在健康上收获，你投资于人际关系，你就会在人际关系上有收获。尽管我们总觉得时间管理应该主要是与工作相关，但你的时间分配，还是必须涉及到这8个领域。比如在休息日，你也许该在家庭、健康、休闲上有更多的时间分配，而不是用于工作。

关于如何在工作、学习这两个领域上进行时间管理，你可以轻而易举地找到非常有参照作用的原则和建议，你不妨根据这些步骤执行，或反思自己的时间管理。

很多人在时间管理上的最大误区，是对时间管理目的性不清楚。时间是过去、现在、未来的一条连续线。构成时间的要素是事件，时间管理的目的是对事件的控制。所以，你要有效地进行时间管理，你首先必须有一套明确的远期、中期、近期目标。其次，要有一个价值观和信念。第三，是根据目标制定你的长期计划和短期计划，然后分解为年计划、月计划、周计划、日计划。第四，是相应的日结果、月结果、年结果，及对每个结果的反馈和计划的修正。

特别推荐的是：每一天，你要强迫自己执行或做 6 件对你未来有影响的事情。这 6 件事不包括基本的工作、基本的杂事，尽量都涉及到 8 个领域。时间管理是一种心态，时间管理不能说安排事情妥当或把事做好了就行，你应该是更长远和更系统地考虑你的时间分配和使用效率。

在工作和生活中要学会授权

要分析浪费时间的方面，学会珍惜时间。

有计划，才有效率和成功。评估时间管理是否有效，主要是看你的目标达成的程度。时间管理最关键的要素，是目标设定和价值观；时间管理的关键技巧是习惯，你运用时间管理工具变成习惯了，就什么都变得有序有效了；时间管理最大的难题也是习惯。

人的生活不能像工厂。你可以在工作中幽默，也可以在生活中浪漫，时间管理绝不是让你变得机械化。但人们在人性化工作、生活中，往往会迷失时间管理。这时，关键是学会说“不”，对浪费时间的事情和不良习惯说“不”！

吃别人不能吃的苦，做别人害怕做的事，善于安排利用时间，你就能成功和富有。

第五个共有的性格特征：善于利用时间。

六、成龙立志超过李小龙

不要以赚钱为目标，也不要以出名为目标，应该以成为你行业中的“最顶尖”为目标。

只要成为你行业中的最顶尖的那一位，你一定会赚很多钱；只要你是你行业中的第一名，你一定会出名；只要你成为行业顶尖，你就已经成功了！

要做就做得最好的，只要你是最好的，世界上美好的事物就自动会向你靠拢。乔丹打篮球成为世界顶尖篮球巨星，不但一年收入8000万美金，而且有人找他拍电影，有人找他拍广告，有人找他出书，请问他的运动鞋需要自己买吗？不用，耐克会提供。他穿的西服需要自己买吗？当然也不用，别人不但免费提供，还要付他大笔广告费。乔丹什么事都不用做，只要出名字与头像，别人就送他大笔股份。你说为什么？因为他是他的行业中最顶尖的，他是有史以来最伟大的篮球巨星。

成龙拍电影时，各个汽车厂商主动争取免费提供汽车的机会，让成龙在电影里面表演特技。成龙选中日本三菱跑车，三菱立刻提供上百台新车让成龙拍摄赛车镜头，成龙将车撞得稀烂，三菱也分文不取，为什么呢？因为成龙是最棒的，他的电影总是最卖座的。

成龙拍一部电影需要许多特技镜头，拍摄时当地政府派出警察帮他开道，甚至封闭路段，也不收取成龙费用，只为了协助成龙拍电影。为什么呢？因为成龙是世界最顶尖的特技明星，他的电影在国际上非常卖座。

成龙在马来西亚拍电影，意外将“万宝路香烟”的广告招牌撞坏，万宝路公司不但不要求赔偿，还决定不必将招牌修好，因为是成龙撞的，宣传价值更大。

成龙从小练功，为了进入戏班子演戏，7 岁开始吃苦。后来当上电影替身演员，从事危险动作，当时他替李小龙做特技替身，立志要超越李小龙成为国际巨星。在历经了 40 年后，他终于如愿，成为国际巨星。他拍电影的收入都以提成方式获取，虽然片酬本身不高，但提成收入总是超越别人的片酬。因为电影一旦卖座，全世界的电影院都在替他赚钱，连好莱坞的巨星开餐厅，都来香港要求成龙合伙。他不但赚钱、出名、拍电影省成本、有人替他出书，甚至连香港政府都要颁奖给他。这到底是为什么？不是他去争取来的，而是他早就立志要成为本行业中的“最顶尖”。他做到了，别人也自然奉送给他一切。

开餐厅成为世界快餐业第一名的连锁店麦当劳，会不会赚钱？当演员当到世界巨星的成龙会不会赚钱？打篮球打到世界第一名的乔丹会不会赚钱？演说家世界第一名安东尼罗宾会不会赚钱？当然会。只要你是最好的，一定是最赚钱的。多简单的道理。

不要研究别人的领域，要研究你目前在自己的领域中，你到底排名第几？你销售的产品是不是领导品牌？谁是这个领域的第一名？下定决心做得比他更好、向他学习并且超越他，你就一定会成功，并且实现你所有的梦想。

了解中关村和中国信息产业发展的人，不会不知道“希望软件梦之队”。1998 年 6 月，这个团队的带头人、希望集团的副总裁宋明华离开了希望软件，而这个团队中的一些人后来依然和宋明华一样在中关村游弋，鲍岳桥、简晶等人也都拥有了自己的事业。这些人在这么多年来一直打造着中关村的基础，这些充满创新精神的人是中关村昨天的缔造者，也是中关村未来的奠基者。“那几年有不少企业升升降降。”宋明华淡淡地总结道。而就在这些升升降降当中，天空还是一样的辽阔，人还是一样的执著。宋明华是个很执著的人，“我做事总要想办法做到最快、最好。比如学打网球的时候，我就找来最好的专业教练来教我，凡是能找到的教网球的书、录像带、VCD，我都找来看。在实际学习的时候也要认真，每个分解动作都细致地去做。做一件事，如果全力去做，就一定能做到最好”。

清水龟之助是日本东京的一位普通的邮差。他的工作很平凡很普通，每天就是把邮件送到不同的家庭里。不简单的是，他在25年的邮差工作中，从来没有过请假、迟到、早退等任何缺勤的情况，而且他经手投递的数以亿计的邮件，从来没有出现过任何差错。不论狂风暴雨，还是天寒地冻，他总是能够及时把邮件送到收件人的手里。他也因此获得了日本国家级的“终身成就奖”。要知道，那可是许多人梦寐以求却高不可攀的，通常只有那些长期从事能够推动人类历史发展的尖端科学研究的专家学者，才能够得到这项殊荣。

我们的人生，有许多种选择，也许有人被推到了重要的职位上，更多的人一辈子只能从事不起眼的工作。但只要你能够持之以恒，只要你坚定要做就做到最好的决心，你就能够像清水龟之助一样，把一件普通的工作，铸造成一项无比伟大的成就而扬名世界。

只要怀着积极的心态，什么时候不能获得成长呢？接个普通的电话，只要用心，就会提升与人沟通的技巧；写篇日常的公文，可以把自己的文风锻炼得更加严谨和规范；寻找一幅合适的图片放到合适的位置，也能培养审美的情趣……就是在流水线上重复操作，也能磨练意志和耐心，学到把几件事处理得井井有条的技巧。

只要敞开胸怀，放开眼界，日常的琐事也可向我们展示出美好的价值。而人们平常看到的成功者，正因为能把一件件平凡的事情做得比别人更优秀，而最终从普通人中脱颖而出。而成功者们的生活并不一定是别人想像的那样轰轰烈烈、激动人心。他们的生活也只是一些依然平凡的片断的连缀：为每一次谈话认真准备内容，注意每一次演讲的表现，开好每一个会议，审阅每一份文件……任何伟大的成就，都是将无数小事处理得杰出的结果。

这就是生活的真实。它看起来波澜不惊，却在平凡的细节中不动声色的就将普通人和成功者区分开。为了把自己打造成让自己骄傲，也让公司满意的产品，只能从最平凡的事情做起。当我们能对一件件曾经不屑一顾的小事，做得游刃有余还甘之如饴的时候，我们就已经拥有了成功的心态，而成功也就在不远的前方翘首以待了。

无论做任何事情都要全力以赴，要做到最好。不管是工作还是生活，都要投入全部力量和热情，做得尽善尽美。

第六个共有的性格特征：要做就做到最好。

七、1—2—3—4—5—6 与钢铁巨鳄

列出对你来说最重要的事，就能形成具体而明确的目标。你的工作、事业、生活等目标中，每个小目标的完成，会让你清楚地知道你与大目标的远近，你的每日承诺是你的压力和激励，每日的行动承诺都必须结合你的目标。

为什么大家都知道设定目标的重要性，但是大家却不一定非常成功呢？因为大部分的人忽略了计划的重要性。事实上，真正能帮你成功的是你的计划。不要只用设定目标来安慰自己，要执行计划来激励自己。

一旦定下明确的目标，有了合理的期限，也分割成长期、中期、短期后，接着就是寻求一套如何实现这个目标的计划。这套计划是一套行动的方案、行动的步骤与策略。比如，为了实现目标，你必须要

知道有多少人脉、销售多少产品、获取多少利润、采用什么样的手段做宣传。

好比有一个推销员，他说，他要得到公司招待的销售奖励，即海外旅游，他就马上问自己："如何才能拿到这个奖励？"答案是必须一个月做出20万的销售额。

于是我问他："一个月工作几天呢？"他说："大约25天。"

我说："那平均一天需要做多少业绩？"他说："8000！"

我说："平均一天需要拜访多少位顾客才会有8000的业绩。"他说："10位。"接着，我就问他："所以25天需要有多少名顾客？"答案很明显，"250位"。

他如果要实现他的目标，就必须要问自己：这250个人在哪里？是否已经将拜访的行程排在我一个月的行程表当中了？如果他排不出这250个人的行程，那么它的目标也当然就是很难实现的。

我们从这个例子可以知道做计划的基本概念。

一个好的计划必须要详细，也就是事先预料到每一个步骤可能会出现的状况，以及可能会出现的细节，每一个状况该采取什么样的应变措施等等。

也许你的计划不一定行的通，未必有想像的那么好。那你就必须在一开始就做出多种不同的替代方案，这也是详细计划中的非常重要的一点。

就像我们现在要驾车去广州，而你已经有了一套去广州的路线图一样，它可以帮助你计算出到达的时间。掌握了确保计划万无一失的方法。假如我们做每一件事都能像我们去旅行或结婚那样谨慎小心地策划每一项活动，那么我们每一件事情都会做得非常好。

换句话说，我们一生必须有促使这一生成功的计划，这也是每一个人现在就应该开始做的事情。

我知道，有时候并不能百分之百地按照你的计划去执行，但至少它提供了一个做事的架构、方向以及优先顺序。

有计划跟没有计划是不一样的。每一个人做计划都是在计划成功，每一个人照他的计划去做，也都会或多或少地取得想要的结果。很多人生的失败，是源于根本没有一个人生计划。没有计划，就是在计划失败。

曾经有一个专家对一家钢铁公司的经理们培训，仅仅用了20分钟。他培训的内容就是，让公司的员工当天睡觉之前，列出明天工作中最重要的六件事情，并根据它们的重要程度排列出来。第二天一上班，立即从第一件事开始。直到完成再开始第二件事。后来，这个方法给该公司带来巨大效益，公司逐渐强大起来，成了全美最大钢铁公司之一。总裁也给专家寄去一张数目不小的支票。这个专家的方法，无非是让公司的员工列出了自己工作中最重要的事，使他们的工作有了目标、有了计划。其实，成功人士就是做了别人不做的事。

吕志刚的投资管理公司已经经营4年了。成功与否，是描述一个企业的关键词，可是，对于吕志刚来说，他不愿听到“成功”的说法，他也拒绝“成功人士”的称谓，他说，他听到别人当面这样说，他心理不很自在。“我没有成功，当然也更没有失败，而是只有过程——永远地努力迈进的过程。”

其实，这只是“成功”的另一种说法而已，一种踌躇满志的说法。什么叫成功呢，用金钱来衡量吗？如果说完成某种程度的原始积累就叫成功，那么，吕志刚也可以这么说。但是，在吕志刚看来，这永远不是他所追求的，也远远小于他已经拥有的：他个人已经拥有一套成熟的理念，他看到了中国的企业，特别是民营企业需要什么、缺少什么。他的公司已经有一套成熟的操作，已经是一个成熟的品牌……在1998年注册商标之时，就有人出巨资收购，但他却笑而不答。今天它是一个更大的品牌了，对于吕志刚来说，这些指向未来的希望才是他最大的资产，这才是他这4年最大的收获，它已经化作他的生命的另一种形式。

吕志刚的成功，与每天列出自己最重要的事的人的成功一样，是一种人生的态度、人生的心态。人的性格，是一种双重组合：坚定与动摇、顽强与脆弱、胆识与畏缩、耐心与急躁、细心与大意、骄傲与谦虚、知足与贪婪、果断与迟缓……成功人士之所以成功，并非他们天生没有缺点，而是他们在实践的磨炼中，努力发挥自己的优点，注意克服自己的缺点。

第七个共有的性格特征：列出最重要的事。

八、麦当劳的创始人真倒霉

放弃是一种念头，而永不放弃则是一种信念。在日常生活中，很多人往往选择前者，因为永不放弃往往很难做到，需要的不仅仅是勇气，更多的是坚韧不拔的毅力。

人间世事有坦途也有坎坷。生活，有阳光明媚的艳阳天，有鸟语花香的大观园。然而，在人生的旅途上也有电闪雷鸣、沼泽荒漠。有时自己付出了许多，却得不到回报，花了十二分的努力才达到他人三分的努力所得……现实有时就是这样，不是每一粒种子都能发芽，不是每一滴汗水都能落地生金，不是每一段路都铺满鲜花。

一个一辈子总与失败结缘的人，最终成为举世闻名的富翁，他最终成功的秘诀在哪里？也许雷·克洛的故事对我们有所启发。

雷·克洛出生在美国西部淘金热刚刚结束的年代。一个本来可以发大财的时代与他擦肩而过。更为不幸的是，正当聪明过人的雷·克洛想要通过发奋苦读来达到自己最终理想的时候，又遇上了1931年的美国经济大萧条，由于家庭的穷困，使他最终和大学无缘。无奈之余，他不得不早早辍学，迈入了社会。他渴望在房地产方面有所作为，经过不懈的努力，好不容易才打开局面，让艰难的生意略有起色。不料，第二次世界大战的烽烟让他的梦想化为泡影，一时间房价急转直下，结果不得不接受“竹篮打水一场空”的现实。就这样，几十年来，低谷、逆境和不幸一直伴随着雷·克洛，命运无情地捉弄着他。可是，在坚强的雷·克洛的字典里，始终翻不到那个叫做“放弃”的词。

命运的转机姗姗来迟，出现在雷·克洛56岁时。那年，失意无比的他来到加利福尼亚州的圣伯纳地诺城，看到牛肉馅饼和炸薯条备受青睐。他不顾自己已年过半百，竟然跑到一家餐厅当学徒，学做这种食品。尽管年龄上的劣势让他吃了不少的苦头，可是他用比常人多得多的汗水证明了自己的非比寻常。

后来，这家餐馆转让。雷·克洛作出了一定让常人不可思议的决定，用自己所有家当——失业保险金接过了店面，并且将餐馆的招牌改为“麦当劳”。最终，这场赌博式的收购让他成功了，经过数十年的发展，麦当劳已成为全球家喻户晓的超大型企业。

其实，失败并不可怕，可怕的是放弃成功的机会。雷·克洛用五十多年光阴里的无数次失败，最终换回了一次成功，那就已经足够了。雷·克洛真是一个时运不济的人，可他没有怨天尤人，而是坚持不懈，执着追求。时运不济并非没有时运，而是时候未到。

面对挫折和失败，我们决不能放弃，而应该努力去拼搏去争取。要知道，等待我们的并不是童话般的美境，生命终究不可能在摇篮般的安详中成长。只有拼搏的人生才是辉煌的人生，只有在挫折与失败中不屈地拼搏，生命才会变得更加结实挺拔。

太阳会冲破黑暗，终将光耀万里；江河蜿蜒千里，最终奔向大海；小草春风吹又生，终会绿满大地。永不放弃的生命，终会迎来辉煌和绚丽。

第八个共有的性格特征：永不放弃。

九、拿破仑·希尔为什么道歉

自制力就是自己控制自己思想感情和举止行为的能力，即自我控制能力。人们常说："最困难的莫过于战胜自己"，所谓战胜自己，就是自己控制自己的一种能力。

一个人要做成大事，需要有稳定的情绪和成熟的心态。缺乏对自己情绪的控制，是做事的大忌。试想，如果你一会儿心情忧郁，情绪一落千丈；一会儿又怒火冲天，使你的朋友们对你敬而远之；一会儿又情绪高昂，手舞足蹈。谁还愿意与这样情绪不定的人交往合作？而且，情绪不稳定的人对于自己确立的目标，也常常不能坚持到底。朝三暮四，高兴了就做，不高兴就扔在一边，丝毫没有计划和韧性的人，能成功吗？

拿破仑·希尔是美国杰出的成功学家，他创造性地构建了全新的成功学的科学体系，他的著作被译成26种文字传播于世，他的读者遍及世界五大洲的50多个国家，他的理论使无数人受益。其中，美国惟一连任四届总统的罗斯福、被称为印度救星的圣雄甘地、控制了美国1/4经济命脉的银行巨子摩根、闻名全球的金融大亨贾尼尼，都是拿破仑·希尔成功理论的受益者和支持者。

拿破仑·希尔经过数十年的研究和探索，总结出了成功学的很多条准则，这些准则被人们称为“黄金定律”。其中之一就是“要有高度的自制力”。在这方面，拿破仑·希尔有着深刻的切身体会。

在创业生涯初期，拿破仑·希尔通过一件小事发现自己缺乏自制力。这件事情虽然很小，但却给了他惨痛的教训，使他认识到一个人要想取得成功，必须先学会驾驭情绪这匹烈马。

他这样描述自己经历的事情：

有一次，我和办公大楼的管理员发生了一场误会，当时我碍于面子没有向他道歉。从那以后，我们两个人之间彼此憎恨，甚至演变成激烈的敌对。后来，管理员知道有时整个办公大楼里只有我一个人在工作时，就把电闸拉下来，使办公室里面一片漆黑。这种事情一连发生了几次，我很愤怒。

一天，我正在办公室里紧张地工作着，电灯又熄灭了。我立刻跳起来，奔向管理员办公室。我到了那儿，管理员正在悠闲地吹着口哨。我气愤极了，觉得受不了，就对着他破口大骂起来。我把能想出来的恶言恶语都用上了，那位管理员一点儿也没有生气的意思。后来，我实在想不起什么骂人的话了，只好停住。这时，管理员转过身，用柔和的语调对我说：“你今天是不是太激动了？”他的话很柔软，但我却感到像一把利剑刺进了我的身体。我站在那儿，不知道说什么好。

我是一个研究心理学的人，竟然对着一个没有多少文化的管理员大喊大叫，这实在是一件令人感到羞辱的事情。我飞快地逃回了办公室。坐在办公室，我什么也干不下去了，管理员的微笑老是缠绕着我。我认识到了自己的错误。以前发生矛盾的时候，因为没有勇气道歉而使矛盾越来越深，今天，本来是一个很好的道歉的机会，可我却失去了自制力，从而使自己陷入了尴尬的境地。

我决定向管理员道歉。管理员见我又去了，仍然用温和却充满挑衅的语调说："这一次你又想干什么?"言语中充满了挑战的意味。我告诉他我是来道歉的。他说："你不用向我道歉。你今天所说的话，只有天知地知，你知我知，我不会把它说出去的，我知道你也不会把它说出去的，我们就这样了结了吧!"我被管理员的话震住了。他的高度的自制力使我再一次被打败，我走上前去，紧紧地握住了他的手，真诚地向他表示歉意。

这件事使我认识到，一个人如果缺乏自制力，就有可能变得疯狂。这样，他不仅不能结交朋友，反而非常容易被打败。

拿破仑·希尔用自己的亲身经历，向我们讲述了自制力对于一个人取得成功的重要性。一个人是否能够有所成就，机会和能力自然重要，但是，学会控制情绪也是不可缺少的重要条件。

现代社会存在太多的诱惑，它们总是展示迷人的一面，引诱我们渐渐远离自己的理想与目标。每个人都会面对种种诱惑，学生做作业时，会受到游戏的诱惑；小孩子即使生了蛀牙，也会受到糖果的诱惑；官员会受到贿赂的诱惑；减肥者会受到食物的诱惑；每个人都会受到金钱的诱惑。如果不是这么多的道德规范与法律约束的话，也许我们已经无数次成为各种诱惑的俘虏了。当面对诱惑时，最有力的支持来自于你自己，内心坚定的自制力是抵御引诱的有力武器。它使人从无能为力的受迷惑状态中解脱出来，恢复控制自我的能力，重新做自己的主人。

国外许多心理学家致力于自制力的研究，他们提出了多种培养自制力的方法。其中，“7个控制”的方法值得借鉴。这7个控制分别是：

1. 控制时间——无论是工作、娱乐还是休息，都应该有个时间安排，不能想玩时就玩上一天，忘了学习，想学习时就学上一天，忘了休息。

2. 控制思想——对于大脑进行思考的问题要有所控制，可以进行创造性的想像，而对于忧虑、苦恼则尽量少想。

3. 控制接触的对象——选择自己喜爱的伙伴，结识对自己有帮助的朋友，对那些不利于成功的交往对象要加以控制。

4. 控制沟通的方式——沟通的重要方式是聆听、交谈、观察，当你与他人交谈的时候，要控制自己的语言，使对方从你的话语中得到尊重并有收获。

5. 控制承诺——不能随便承诺，一旦承诺了的事情就要努力做到。

6. 控制目标——科学的目标能帮助你保持愉快的情绪。

7. 控制忧虑——无论周围发生了什么事情，都要保持乐观的精神。

心理学家们认为，如果你能够有效地培养上述“7个控制”，你的心理状态就会很稳定、很平衡，你就已经具备了控制情绪的自制力。

不妨试一试“7个控制”，你会发现自己变成了心境平和、令人喜爱的人。

第九个共有的性格特征：顽强的自制力。

十、诺贝尔奖和农夫

每一个伟大的成功者背后都有另外的成功者。没有人是完全靠自己一个人达到事业的顶峰的。假如你决心成为出类拔萃的人，千万不能忽视人际关系，一定要与积极上进、思想健康的人为友。与素质高的人为友，不知不觉中会受到他们的影响，潜移默化地提高自身的素质。

要成功，就一定要接近成功者。成功学大师陈安之认为，一个人要成功，有几个方法：第一个，你必须帮成功者工作；第二个，当你开始成功的时候，要开始跟更成功的人合作；第三个，当你越来越成功的时候，就要找成功者来帮你工作。

帮助成功者也是帮助你自己。

陈安之：有人说，那些成功的人都好难接近，事实上，不是他们很难接近，而是你不够想，如果你真的很想接近他们，你会想尽办法，无论用什么方法，先为他们付出，不求回报。最重要的是，你要知道这些成功者要的是什么。

拿破仑·希尔在成功之前，曾利用20年的时间帮助钢铁大王卡耐基工作，这期间他一分钱的报酬也没有，在帮助卡耐基的同时，也帮助了他自己——他本人在成功学研究上获得了巨大的成功。成功大师陈安之在成功之前，也长期在美国帮助世界成功学大师安东尼工作，在帮助安东尼的同时，他也学到了成功学的真传，最后自己终于获得巨大成功。

关于交友，我国有许多古训，“近朱者赤，近墨者黑”，“良禽择木而栖”等等。最为著名的故事要数“孟母三迁”了。孟母最终迁至学校旁定居，以利孟子成长的佳话，千百年来为我们所称道。

孟子是中国著名的思想家和教育家。他3岁丧父，由母亲抚养长大。孟母没有文化，却非常重视对孟子的教育。

孟家附近有一块墓地，送葬的队伍经常从他家门前走过。孟子经常模仿队伍中吹鼓手和妇女哭啼的样子，还不时到墓地上玩死人下葬的游戏，在地上挖一个坑，把朽木或腐草当做死人埋下去。孟母对儿子这样玩耍很生气，认为不利于他读书，便把家迁到了城里。

到了城里孟母要儿子熟读《论语》，像孔子那样做人。可是他家处于闹市中，打铁声、杀猪声、叫卖声终日不断，听着听着，他就读不下去了。接着，他就和邻居家的孩子玩起了做买卖的游戏。孟母觉得这个地方，确实很难集中心思读书，便再次搬迁到城东的学宫对面居住。

学宫那里的环境很好，书声琅琅，读书的氛围很浓。孟子很快地安下心来读书。有时，他还向学宫里张望，观看里面的学生是怎样读书，又是怎样跟随老师演习周礼的，回到家里，也模仿起来。

一天，孟母发现儿子在磕头跪拜，以为他又在玩埋死人的把戏了，心里很难过，在听儿子说是在演习周礼后，就又高兴起来。后来孟母把孟子送进了学宫，学习《诗经》、《尚书》。

“孟母三迁”的故事告诉我们，周围的朋友和环境对一个人成长的作用。

“千金买邻”也是很著名的故事。南北朝时期，季雅为了和学者吕僧珍结邻，斥资千金从吕僧珍的邻居手中购房。吕僧珍感叹花费太过分，而季雅回答说：“我是用百金置宅，千金买邻呀。”

美国著名的亿万富翁唐纳德·特朗普大学一毕业，即进入父亲创建的房地产公司任职。虽然大学四年的每年暑假，他都协助父亲管理业务，却不愿待在生活圈子狭窄的纽约市皇后区，宁可独自迁居繁华热闹的曼哈顿，勇敢地伸出触角，在高级社交圈结识不少有钱有势的政经名流，对于他日后发展房地产事业，有莫大助益。他后来成了房地产大亨。

在中国有着“创建医药零售帝国”之称的朱丹，爱看国外的管理书籍，能随口报出时下流行管理书籍作者的名字。朱丹认为，和成功的人在一起，看成功人士写的东西，都能给自己、给企业带来好的影响，带来新的东西。

与成功人士交友，进而自己受益而收获成功，属于人际关系的一种。美国著名教育家卡耐基认为人际关系是成功的最重要的因素。他指出：一个人事业的成功，只有百分之十五是由于他的专业技术，另外的百分之八十五要靠人际关系、处世技巧。外国成功学有“友谊网”之说，认为依赖别人而不自利，会变成寄生虫；只自利，易成为吸血鬼。完满的人生，是自利与利人的统一！

弗莱明是一个穷苦的苏格兰农夫。有一天，他在田里工作时，听到附近泥沼里有人发出哭声，赶快跑去，发现一个小孩掉到粪池里，于是他把这个小孩从死亡边缘救出来。

隔天，有一辆崭新的马车停在农夫家门前，一位优雅的绅士走出来，自我介绍是那个被救小孩的父亲。绅士说：“我要报答你，你救了我小孩的生命。”农夫说：“我不能因救你的小孩而接受报酬。”

就在那时，农夫自己的儿子从茅屋的门走进来，绅士说：“我们来个协议，让我带走他，并让他接受良好的教育。假如这小孩像他父亲一样，他将来一定会成为一位令你骄傲的人。”

农夫答应了。后来农夫的小孩从圣玛利亚医学院毕业，并成为举世闻名的弗莱明·亚历山大爵士，也就是盘尼西林的发明者，荣获诺贝尔奖。

数年后，绅士的儿子染上肺炎。此前，这是一种不治之症，但是，有了盘尼西林，他就得救了。这位绅士是谁？他就是上议院议员丘吉尔。他的儿子是谁？是英国政治家丘吉尔爵士。

互利改善了世界的品质。汉语的“人”字的写法，十分有哲理，那就是两个人之间的互相支撑。“今天你帮我，明日我帮你。”这是最浅显的表述。因为人与人之间的互相帮助，不仅给当事人带来了益处，也给世界带来了温馨与进步。

第十个共有的性格特征：成功的社交圈。

十一、石油大亨为何“不再回头”

我们可以说出许多人成功所遵循的原则和思想，如积极的心态、认真的思考、善于观察和捕捉机会、明确的目标、首创精神、协作精神等等。但是，所有这些东西加起来也敌不过身体力行，具体、真正的行动是建功立业的秘诀。心中有梦，眼中有向往，还必须把这些梦想与向往付诸行动。

有些人是随心情的好坏来做事的。而另外一些人则不然，他们不管情绪好坏，只要有了想法，就立即付之行动。在这个世界上，一个知道而不去做的人，不比无知的人强。

成功人士都有这样的特征：他们不管情绪如何，总是坚持正常工作，他们努力培养“坐下来”的努力，使自己始终立于一个最可能取得成功的地位上。他们只要有一个不完备的计划，一个粗糙的想法、一个念头、一个草案，就着手去干，去实施，然后不断加以改进。

我常对人说：假如不去尝试，“好的计划”，也无异于“毫无计划”。

晋代大书法家王羲之，在12岁时，从父亲的枕头下发现藏有前人写的《笔论》，便偷偷地拿来读。父亲说："不要性急，等你长大了，我会教你的。"可是王羲之回答说："学习是不能等待的，像走路一样，不停地走，才能前进。等我长大了，再教那就太晚了。"在这种精神的支配下，王羲之长期坚持勤学苦练，其书法终于达到了炉火纯青的境界，被后人遵为"书圣"。

成功人士一旦锁定目标，便全力以赴，一心一意去努力，积极地与著名的成功者相比较，把他们当成楷模……他们靠着起早贪黑，反复努力，坚持不懈，在别人说他不具备条件时，也绝不放弃希望，反而更加努力。他坚信，只有行动才能把人生引向成功，除了干下去，别无选择。

不仅行动重要，而且行动的果断度同样十分重要。缺乏果断度的行动，往往是无力的行动。必须果断的原因有三：

1. 现在不做等于永远不做。人生是短暂的，要做就得立即做，"以后再做"其实是不做的借口。这点，王羲之可谓深悟此道，所以，他才会拥有后来那样的成就。

2. 犹豫太久会导致行动的瘫痪。有的人并非不知道行动的重要，但是又迟迟不愿意行动，这又产生负疚感和撕裂感，结果造成意志的瘫痪。这就出现一个悖论：人们与其说是因为恐惧而不去行动，毋宁说是不去行动而导致恐惧。

怀特·菲利浦是美国一位十分成功的石油商人。他以自己的切身体会，讲述了应该如何避免上述这种现象："我发现，如果超过某种限度之后，还一直不停地去思考问题的话，一定会造成混乱和忧虑。当调查和多加思考对我们有害的时候，也就是我们该下决心，付诸行动，不再回头的时候了。"心理学家威廉·詹姆斯更是指出：情绪不能立即降服于理智，但情绪总是能够立即降服于行动。只要你立即行动，“先把自己投出去”，那些消极的情绪很容易就会被消除了。因此，“一旦达成决定，当天就要付诸实行”。

3. 具备尝试的勇气。有的人不去行动，往往是对自己缺乏信心。这就需要具备一种勇于尝试的心态。不试一试哪知道自己的潜力？不试一试哪知道外在有哪些新的可能性？不试一试哪知道机会是否真正属于你？不试一试哪知道事情成不成？所以，在没有试一试之前，不要轻易说“不可”。

请记住《福布斯》杂志创立者福布斯的名言：“做正确的事情，把事情做好，立即做！”

爱因斯坦在瑞士联邦专利局工作时，他快节奏地用三四个小时就做完了全天应做的事情，然后利用办公室的抽屉进行学习和研究，终于在1905年，在几个领域内同时取得伟大成就，开创了科学史上的先例。

到美国首府华盛顿观光的旅客总不免要到华盛顿纪念碑一游。不过纪念碑游客太多了，导游大概会告诉你，排队等搭电梯上纪念碑顶就要等上2个钟头。但是他还会加上一句：“如果你愿意爬楼梯，那么一秒钟也不必等。”

仔细想想，这句话说得多么真切！不止华盛顿纪念碑如此，对于人生之旅又何尝不是！说得更精确一点，通往人生顶峰的电梯不只是客满而已，它根本就不存在。人生没有直通电梯！每一个想要往上爬的人，都必须老老实实地用自己的双腿爬楼梯。只要你愿意积极行动来爬楼梯，一次一步，那么我们将在顶峰相会。

不行动的人，即使有再好的内在资源，也只会是只“不产蛋的鸡”。不管有怎样美好的梦想，怎样精美的构思，怎样坚定的信心，假如缺乏行动这只手，这些东西也只是一种虚假的存在。威廉·詹姆斯在《生命的意义》中说过这样的名言：“纯粹的理想是生命中最廉价的东西……最不值一提的感伤主义者、梦想者、醉汉、逃避责任者和拙劣的诗人，从不表露丝毫的努力、勇气和耐心，或许他们会有最丰富的理想。”

一个头脑中有了想法，有了目标，而不去积极行动来实现的人，真的还不如一个白痴，从这方面而言，白痴还算不上是世界上最没出息的人。

怎样凡事养成积极行动的习惯呢？以下几点可供参考：

1. 分析利弊。对目标有意识地加以分析，看看尽快实践有什么好处，这对下定决心立即行动着手很有督促作用。

2. 把大块任务切割成小块。善于化大为小，难题就好解决了。出成绩的人大都懂得这种方法的价值。你想写一本200页的书稿吗？每天写一页，不到七个月就可完成。想一下写完，只能被目标本身吓倒。有了艰巨的任务，第一步分解它，化成一系列小任务，再一个接一个地完成。

3. 正视不合意的工作。找一段时间专做不合心意的事务来磨练意志。

4. 要有实施的勇气。勇气是克服怯懦，付诸实施的能力。潜力之所以没发挥出来，是因为自己限制了自己，突破胆怯的限制，就能充分发挥潜力。

5. 利用兴致。你无意写报告，却可能有兴致翻阅有关资料，在该办的事中先拣有兴致的办，让精神状态为你服务。

6. 立即动手。你的庭院该打扫了吗？现在就去找工具。得交报告吗？马上拿出纸列上几个要点。要勒令自己，凡事积极行动，绝不拖延。

7. 向人保证。提出保证，限定时间完成任务，会使人产生一种有益的焦虑和时间紧迫感，这会有效地克服拖拉。

8. 每天做结算。“明天即在眼前，学会把每一天当做礼品来对待”。每天起床前要决心过好今天，还准备让明天过得更好。把时间看做财富，你就会积极行动，去做该做的事。

最后，最好每天早晨问问自己：“我面临的最大问题是什么？今天打算把它解决到什么程度？该做哪些事?”不要忘记，积极行动，你就会跑在时间的前面。

立即行动！这句话可以帮助你做成你所不想做，但又必须做的事情，更能帮助你抓住机遇，发展自己。

第十一个共有的性格特征：积极行动。

十二、汽车大王被开除的故事

拿破仑说：“人生的光荣不在于永不言败，而在于屡仆屡起。只要站起来比倒下去多一次，就是成功。”我们无论做任何事，都要有失败的心理准备。据统计，在美国，一个成功的企业家平均要失败16次，第17次才成功。

正如古人所说：“天下事不如意者十有八九。”这话不无道理。在生活的海洋中，事事如意、一帆风顺驶向彼岸的事情是很少的。关键是，当不幸降临到我们身上的时候，我们应当怎样对待？

李·艾柯卡曾是美国福特公司的总经理，后来又成为了克莱斯勒汽车公司的总经理。他的座右铭是：“奋力向前。即使时运不济，也永不绝望，哪怕天崩地裂。”他1985年发表的自传，成为非小说类书籍中有史以来最畅销的书，印数高达150万册。

艾柯卡不光有成功的欢乐，也有挫败的懊丧。他的一生，用他自己的话来说，叫做“苦乐参半”。1946年8月，21岁的艾柯卡到福特汽车公司当了一名见习工程师。但他对机器做伴、做技术工作不感兴趣。他喜欢和人打交道，想搞经销。

艾柯卡靠自己的奋斗，由一名普通的推销员，终于当上了福特公司的总经理。但是，1978年7月13日，他被妒火中烧的大老板亨利·福特开除了。当了8年的总经理，在福特工作已32年，一帆风顺，从来没有在别的地方工作过，突然间失业了。昨天他还是英雄，今天却好像成了麻风病患者，人人都远远地避开他，过去公司里的所有朋友都抛弃了他，这是他生命中最大的打击。“艰苦的日子一旦来临，除了做个深呼吸，咬紧牙关尽其所能外，实在也别无选择。”艾柯卡是这么说的，最后也是这么做的。他没有倒下去。他接受了一个新的挑战：应聘到濒临破产的克莱斯勒汽车公司出任总经理。

艾柯卡，这位在世界第二大汽车公司当了8年总经理的事业上的强者，凭他的智慧、胆识和魄力，大刀阔斧地对克莱斯勒汽车公司进行了整顿、改革，并向政府求援，舌战国会议员，取得了巨额贷款，重振企业雄风。1983年8月15日，艾柯卡把面额高达8亿多美元的支票，交给银行代表手里。至此，克莱斯勒还清了所有债务。而恰恰是5年前的这一天，亨利·福特开除了他。

如果艾柯卡不勇于接受新的挑战，在巨大的打击面前一蹶不振、偃旗息鼓，那么他和任何一个被开除的普通工人就没有什么区别了。正是不屈服挫折和命运的挑战精神，使艾柯卡成为了世人所敬仰的英雄。

贝多芬以他那孤独痛苦、然而又是热烈追求的一生，给世界留下一句名言：“用痛苦换来欢乐。”它曾经鼓舞无数人奋起和自己的不幸进行斗争。一个人能在任何情况下都勇敢地面对人生，无论遭遇到什么，心理都有足够的承受力，依然保持生活的勇气，保持不屈的奋斗精神，他就是生活的强者。

怎样才能在事业失败时不气馁、不畏缩，化消极为积极，振作精神，在逆境中奋起，直到重新获得成功呢？办法只有一个，即增强挫折适应力。具体可采用以下方法：

把挫折当做双刃剑

1. 生活中的挫折是难免的。俗话说："天有不测风云，人有旦夕祸福。"人生会遇到各种各样的坎坷。纵观古今，许多成就大业的人，无不是从逆境和坎坷中磨砺过来的。

2. 挫折不一定是坏事。"自古英雄多磨难，从来纨绔少伟男"。大文豪巴尔扎克也说："世界上的事情永远不是绝对的，结果完全因人而异。苦难对于天才是一块垫脚石，对于能干的人是一笔财富，对弱者是一个万丈深渊。"成就事业的过程往往也就是战胜挫折的过程。强者之所以为强者，不在于他们遇到挫折时根本没有消沉和软弱过，而在于他们善于克服自己的消沉和软弱。

3. 对挫折不妨看淡一些。逆境可以磨砺人生，增长人的才干，使人通过破除障碍和不良情绪而得到新的突破与发展，心灵达到更高的层次。既然挫折已经发生，不妨就坦然地面对它，寻找解决的办法。

找出造成挫折的真正原因

正确地分析造成挫折的原因，是应付和解决挫折情境的必要基础。只有以积极的态度去冷静地分析遭受挫折的主客观原因，及时找出失败的症结所在，才能从本人的实际条件出发，用切实的行动去促使挫折情境的改变。

重新审视评估自己的目标

目标就是一个人在生活中的抱负。成功会使人产生一种"有所成就”的感觉，即成功感、成就感，而使人受到鼓舞，使人提高信心，去达到新的目标。反之，达不到预期的目标，则会产生一种挫折感、失败感，从而引起焦虑和沮丧的情绪，降低抱负水平，丧失信心，甚至放弃作进一步努力的尝试。

锻炼对挫折的适应能力，可以通过一些方法进行锻炼

1. 有意识地容忍和接受日常生活中的一些挫折情境。

2. 有意识地创设一定的挫折情境。

3. 心理上经常作好对付挫折的准备。

积极地对待挫折，可以从三个方面努力

1. 预防挫折产生。“凡事预则立，不预则废”，要能够预防挫折的产生，首先就要对可能发生的事情有所预测，对一件事情的成功或失败，能做出正确的估价。

2. 改变挫折情境。挫折发生后，经过认真分析，如果引起挫折的原因和挫折情境是可以改变或消除的，应通过各种努力，设法将其改变、消除或降低它的作用程度。

3. 减轻挫折引起的不良影响。有些挫折情境一旦发生，是无法消除或一时无法改变的，如天灾人祸、生老病死、能力不济等等。这时，就应设法降低和减轻挫折所引起的不良影响。

中国有句老话：“艰难困苦，玉汝于成。”挫折，最能磨练人的意志，增强人的才干，对人的性格有着特殊的锻炼价值。对于挫折我们不必害怕也不必回避，而应以积极的态度迎难而上。征服挫折的过程，也是我们逐渐坚强的过程。

第十二个共有的性格特征：愈挫愈勇。

结束语

从这些富翁们功成名就的 12 个共有的性格特征中，我们可以看到，成功不是偶然的，而是必然的，是可以预知的。这些成功人士身上的精神和思想，完全可以被所有的人借鉴和发扬。